学校心理士スーパーバイザー

浦野 裕司 著

学級経営サポートBOOKS

気になる子どもの心に寄り添う

教師のための心理術

タイプ別で すぐに役立つ 40事例

生活態度

・忘れ物が多い子
・教室から脱け出してしまう子
・給食の好き嫌いが激しい子

教師との関係

・うそや言い訳ばかりする子
・怒りをぶつけてくる子
・叱られても聞き流す子

友達との関係

・けんかやトラブルが多い子
・被害者意識が強い子
・真面目で友達に厳し過ぎる子

授業態度

・勉強につまずいている子
・やる気が出ない子
・自分の意見が言えない子

etc.

明治図書

はじめに

　学校現場には，世代交代の波が急激に押し寄せている。20代の教員が半数近くを占める学校や，初任者が複数配置される学校もめずらしくなくなってきた。大学を出てすぐ，一人前の教員として教育実践に取り組むのが当たり前の新人教員。目の前には，難しい課題が山積している。

　かつて指導を担当した新人教員の言葉が，今も忘れられない。「わからないことがあれば，気軽になんでも聞いてほしい」と伝えた私に返ってきたのは，「わからないことが何なのかわからないから，何を聞けばいいのかがわかりません」のひとこと。なるほどなぁと納得しつつも戸惑いを覚えたのが，つい昨日のことのように思い出される。

　「主体的・対話的で深い学び」の実現に向けた授業改善，授業におけるICT活用，発達に偏りのある子への適切な指導，保護者への対応等々。経験を重ねたベテラン教員でも悩むような日が続く。

　若手教員をどう支えればよいか，いろいろな方向から探ってきた（浦野・丸山，2009，浦野・福島，2013ほか）。その中で見えてきたのが，子どもの側に立ち，子どもに寄り添いながら進める学級経営の重要性だった。

　ただ，ひとことで「子どもに寄り添う」と言っても，学級集団の中で一人一人に寄り添うのは容易なことではない。個への対応と集団への対応の両面からの工夫が必要になる。我が身を振り返れば，子どもたちに寄り添いきれなかったことがいくつも思い出され，その頃の子どもたちに申し訳ない気持ちになる。乗り越えられそうもない状況に直面し，通院を余儀なくされたこともあった。それでも教員を続けてこられたのは，仲間や家族の支えと，心理学のおかげだと思う。

　私は大学・大学院を通して，教育相談室を運営する研究室に軸足を置き教育心理学や臨床心理学を学んだ。教育相談室には，不登校や場面緘黙，夜尿

症やチックなどさまざまな課題を抱える子どもたちが訪れた。そんな子どもたちに対するプレイセラピーや行動療法などを経験する中で，「子どもに寄り添うこと」や「心理学の視点を生かすこと」の意義について，少しずつ理解を深めていった。

　ある日，研究室の指導教官に声をかけられ，マンツーマンで読み始めた本のタイトルが"Classroom Management"。学級経営に応用行動分析を生かす方法を説く，米国の教員向けのテキストだ。「学校現場で日々子どもたちと接する教師の手にこそ心理学を！」というのが指導教官の持論だった。

　限られた専門家が限られた場所で生かす心理学から，教員が日常の学級経営の場で生かせる心理学へ。そんな願いを，わずかながら本書で実現することができたかもしれない。

　昨日までの日常が，明日からの日常であるとは限らない。同様に，これまでの優れた実践が，これからも優れた実践であり続けるとは限らない。新しい生き方，社会の在り方が問われている今，過去の経験に頼っているばかりでは教育実践を進化させることは難しい。

　変化が激しく，未来を予測しにくい時代に必要なもの。それは変化に柔軟に応じられる理論，あるいは新たな変化を生み出すことのできる理論なのではないだろうか。そのような理論に裏打ちされた「柔軟で新しい教育実践」は，学校現場にいる私たち教員だからこそ生み出せるものだと思う。

　子どもに寄り添い，子どもたちの学校生活を充実させようと日々，子どもたちに向き合ってきた実践から本書が生まれた。本書を手にしてくださった方々の学級経営に役立てていただければ幸いである。

＊Chapter 2で取り上げたケーススタディの内容は，プライバシー保護の観点から，すべて複数の事例をもとに作成した架空のものであることをお断りしておく。

2021年6月

浦野　裕司

Contents

はじめに　2

Chapter
1
子どもの心に寄り添う
心理術を知ろう

Chapter 2

子どもの心に寄り添う心理術
ケーススタディ40

生活態度

教師との関係

友達との関係

授業態度

Chapter 1

子どもの心に寄り添う

心理術を知ろう

心理学の視点から子どもを理解する

見方によって変わる子どもの理解

　「ちゃんとしているのが当たり前」の学校という場所は，「ちゃんとするのが苦手な子どもたち」にとって居心地のよい場所とは言い難い。

　我慢して席に着き，静かにしようとしている１年生。ふと窓の外を見るとトンボが飛んでいる。校庭に目を移せば，リレーをする６年生が見える。みんなにも見てほしくて「あっ，トンボだ！」と声を出したり，リレーの応援をしようと窓の方に行き「がんばれ〜」と応援したりする。

　教師は授業中，このような「ちゃんと座っていない子」や「ちゃんと学習に取り組まない子」を「困った子」と捉えがちだ。つい，叱ることが多くなってしまう。ところが，「ちゃんとするのが苦手な子」であっても，他の子ども以上に優れた面があることは少なくない。発想が豊かだったり他者に優しかったり……。過去に受け持った学級を振り返ると，そういう素敵な子どもたちの顔が次々と思い浮かんでくる。

　ある教師から見れば「落ち着きのない困った子」が，別の教師には「天真爛漫で面白い子」に見えることもある。教師が子どもを見る見方・見え方は，教師と子どもとの関係をも左右するという（近藤，1995）。このようなことを理解しているか否かで，教育実践には大きな違いが生まれる。

心理学の視点から見直す教育実践

　教材研究や学級経営に熱心に取り組んだ経験は，教育実践を確実で深いものに進化させていく。だが経験だけに頼りすぎてしまうと，実践は柔軟性を

失い，変化に対応しにくいものになってしまう。教える側の実践技術が優先され，子どもたちの多様性に応じられなくなってしまっては本末転倒だ。

　多様な子どもへの柔軟な指導を考えようとするときには，心理学の視点から教育実践を見直してみるとよい。子どもの側に立ち，子どもに寄り添う柔軟な教育実践を進めるための確かな方向性を見出だせるからである。

　本書では，心理学の理論と教育実践の間の橋渡しをしたいという趣旨から，Chapter2では「心理術」という言葉を使っている。本書における心理術とは，子どもの心に寄り添う具体的な実践を支える「心理学の視点」のことである。心理術を生かして具体的な手立てを工夫したり，課題解決に向けて実際にアプローチしたりすることによって，子どもの心に寄り添う指導が可能になる。

学習活動へのアプローチ

　子ども理解や生活指導，そして校内教育相談活動には，心理学の視点が必要不可欠だ（浦野，2001）。しかし学習活動となると，心理学を生かしたアプローチが十分にできないまま時が過ぎて行った。

　10年ほど前に出会った「学びのユニバーサルデザイン（UDL*）」は，私自身の指導観を一変させ，心理学の視点を学習活動に生かそうとする意欲を掻き立ててくれた。教える側ではなく，学ぶ子どもの側に立って考える授業計画，子どもの多様性（多様な特性）に応じられる授業づくり等々。UDLから学んだことは，その後の筆者の実践に大きな影響を及ぼした（浦野，2018，2019）。＊ UDL については https://udlguidelines.cast.org/ を参照

　学校生活の大半は，学習活動が占めている。学習活動へのアプローチ無くして，子どもの心に寄り添うことにはならないと考えている。心理学の視点から学習活動を見直すことによってはじめて，学校生活全般を見直すことができ，子どもの心にしっかりと寄り添うことが可能になる。

② 子どもの望ましい行動を増やす

子どもの「望ましい行動」に目を向ける

　周囲から見れば「困った行動」でも，本人にしてみれば意味のある行動であり，必要な行動でもある。多動傾向があり，じっとしていられない。人の話をじっくり聞くのも苦手。周囲の刺激には敏感で，すぐに反応してしまう。そんなタイプの子にとっては，教室でじっと座ったまま，よくわからない授業を受けるのは苦痛以外の何物でもない。その結果，思ったことをすぐに声に出したり友達にちょっかいを出したり，教室を歩き回ったりする落ち着きの無い子になってしまう。

　教室から脱け出す行動は，教師の立場からはとても困った行動と言える。ところが本人にとってそれは，苦手な状況から逃れるために必要な行動なのだ。行動そのものに「よい」・「悪い」があるのではなく，その行動が起きる場面や，立場の違いなどによって意味は異なってくる。

　立ち歩いてはダメだと叱るだけでは，座っているのが苦手な子が長い時間座れるようになるはずもない。だが心理学の視点から手立てを考えてみると，いくつかの解決策が浮かんでくる。代表的な対応は，「困った行動をなくす努力が実を結ばないならば，その行動に拮抗する別の行動（その行動と相反する行動）を新たに身に付けられるようにすればよい」というものだ。

　望ましくない行動（歩き回ること）に注目して叱るのではなく，望ましい行動（席についていること）に注目して，その行動をほめるようにする。また席についている時には，その子が興味をもって取り組める課題を与える。このような対応を辛抱強く繰り返すことによって，「望ましい行動」を増やし，結果的に「困った行動」を減らすことができる。

子ども自身が解決志向の行動に向かえるようにする

　子ども同士の間でトラブルが起きると，つい原因探しを始めてしまい，収拾がつかなくなってしまうことが多い。ややこしく解決しにくいトラブルは，たいてい悪循環を起こしていて，解決の糸口が見えなくなってしまっている。原因追及をすれば，話し合いは泥沼化してしまう。そんな時には，何が起きているのかを「見える化（視覚化）」することで，子ども自身が問題を客観化できるようにするとよい。複数の子どもたちが関わる複雑なトラブルでは，「トラブル悪循環構造図」が役に立つ（浦野，2016）。

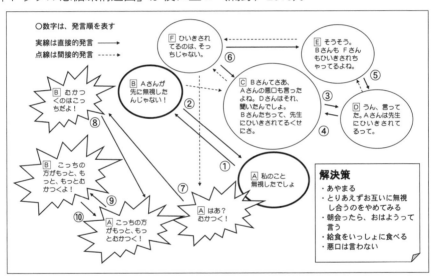

トラブル悪循環構造図（例）

＊プライバシー保護の観点から，実際のものとは異なる単純化された架空の事例です。

　大切なのは，起きているトラブルを子どもたちと共に客観化し，解決志向の話し合いに変換すること。解決策がいろいろ出てくると，その中から子どもたち自身が「望ましい行動」を選び出し，取り組むようになる。

　教師は適宜その後の経過を聞き取り，理性的に解決しようとした子どもたちの努力や解決できた成果を認め，励ましたりほめたりするよう心がけたい。

3 子どもの心に寄り添うために
～心理術　20の視点～

教師が子どもの心に寄り添うことの難しさ

　一人一人が抱える心理的な課題，人間関係の調整，学習活動の充実……。教師が子どもに寄り添おうとするとき，そこには教師ならではの難しさが存在する。

　心の内に悩みごとがある子どもには「がんばらなくていいから」と優しく言えるのに，学習面のことになるとつい「がんばれ」を言いたくなってしまうのが教師だ。情熱にあふれ，子どもを鍛えよう，成長させようという思いが強いほど，その傾向が顕著なのではないだろうか。

　子どもの心に寄り添える教師になるために必要なことは，多岐にわたる。子ども個人や学級集団の課題を的確に捉えるアセスメントの力。辛い思いをしている子どもたちの心情を理解する想像力。そして，授業を含めた教育活動全般で役立つ具体的な手立てと，柔軟に対応する姿勢も欠かせない。

　学習面では，何をがんばらせることに意味があるのか，どうがんばらせることが効果的なのか，その見極めが肝心だ。子どもの学び方の多様性に応じる工夫，学習の基盤である認知機能を高めること，適切なゴール設定など，学びを支援する方法はたくさんある。「子どもの心に寄り添う」ということは，「子どもの学びに寄り添う」ということでもある。

個と集団への対応

　教師には，子ども個人を対象として携わる人々との決定的な立場の違いがある。辛さを抱える子どもの気持ちに共感したい，徹底的に寄り添いたい。

そう思ってはいても，一人の子どもだけに対応を集中させるわけにはいかない。教室には，他の子どもたちの存在がある。一人の子どもに寄り添うことが，別の子どもたちの不満や反発を誘発してしまう恐れがあるのだ。学級集団の中で，特定の子どもに寄り添うためには，他の子どもたちのことも意識した配慮が欠かせない。だから教師は，常に個人と学級集団とを意識し，個にも集団にも寄り添えるような対応を工夫する必要性に迫られる。

　教師が寄り添うべき相手は一人とは限らないし，ある子どもの気持ちに寄り添おうとすることで別の子に対して背を向けてしまうことも起こり得る。どの子にも寄り添っていくにはどうすればよいか。その答えを見つけるのに役立つのが，心理学の視点である。心理学的な背景を意識し柔軟に対応を工夫することで，多様な子どもたちへの多様な寄り添い方を実現できることだろう。

予防的な取り組みを

　いじめや友人関係の深刻なトラブルが起きた時は，すぐに子どもに寄り添った対応を進める。それは当たり前のことだが，何か問題が起きてからの対応には多くの時間と労力が必要になる。できるならば，予防的な取り組みによって深刻な問題になるのを未然に防ぎたい。

　心理学の視点の中には，予防に役立つことが数多くある。セルフコントロールの力や実行機能を高めること。人間関係のトラブルへの対処法を教えること。開放的でユーモアがあふれ，楽しくてトラブルが起きにくい学級集団をつくること。これら一つ一つが，予防的な意味をもつ。

　とはいえ，集団生活にトラブルはつき物だ。教師主導で解決しようとするのではなく，起きてしまったトラブルを子どもたちが自力で解決できるよう，あきらめずに支え続けること。それこそが，本当の意味での「子どもに寄り添う」ということなのではないだろうか。

　次のページから具体的な20の視点について説明する。

① 受容的な態度で，多面的に子どもを理解する

個に寄り添う・学級集団に寄り添う

　まだ教師としての経験が浅い頃のこと。学習面でも集団生活面でも苦手なことの多い高学年の男子（A男）の心に寄り添おうとして，手痛い失敗をしたことがある。

　クラスを引き継いですぐに，周囲の友達から避けられているように見えるA男のことが気になった。A男に話を聞くと「自分は何も悪くないのに，みんながぼくのことを無視したり，きつい言い方をしたりする」と感じていることがわかった。そこで，A男をめぐるトラブルが起きた時に，A男の思いを他の子どもたちに伝えてみることにした。ところが事態は思わぬ方向へと向かう。担任の私が，A男以外の子どもたちから反発を受けてしまったのだ。彼らは「自分たちだって，繰り返されるA男の自分勝手なふるまいにずっと辛い思いをさせられてきたのだ」と言う。学級全体を視野に入れ，双方の気持ちに寄り添えるようにするためには，教師としてどのように対応すればよいのだろうか。

どの子どもにも受容的な態度を示す

　心配な事態に至って初めて子どもの心に寄り添うのでは，手遅れになってしまう。日常的に「どの子も大切にしている」「受容している」という姿勢を示していることが，いざという時に効果を発揮する。だれもが教師の受容的な姿勢を感じているならば，ある時教師が特定の子に寄り添う場面があっても，それを批判的に見ることはない。

子どもの目の高さに立ち，子どもの声をきく

　子どもを取り巻く環境は，日を追うごとに複雑化し緊張を強いられる場面が増えている。本来はゆったり過ごせるはずの放課後の時間も，塾や習い事の時間を気にして過ごす。新型コロナウイルスのような感染症によって，何気ない日常生活が大きく制限される。メールや SNS を介しての友達との関係では，ちょっとした行き違いからとんでもない結末に至ることまで起きる。

　子どもたちの心に寄り添うには，子どもの目の高さに立って子どもが置かれている状況を感じ取ること，そして表からは見えにくい心の内を理解するための努力が欠かせない。まずは，親身になってじっくり「聞く」姿勢と，言葉の裏に隠れた心の声を積極的に「聴く」姿勢を意識して子どもたちと関わろう。子どもの心に寄り添うための「はじめの一歩」は，子どもの声を丁寧にきくことから始まる。

学習面での辛さに寄り添う

　子どもたちが抱える辛さを考える時，いじめや友人関係のトラブルなどに注目が集中しやすい。学校で過ごす時間のほとんどが学習場面であること考えれば，学習場面での辛さに寄り添うことを忘れてはならないだろう。

　学年が進むにつれ，学習内容を理解できない子どもたちは増えていく傾向にある。発達障害がある子どもは，板書をノートに写す作業にたいへんな労力を必要としたり，教師の指示をうまく聞き取れなかったりする。授業についていけず，学習活動へのやる気を失ってしまった子どもたちは毎日，毎時間，辛い思いをしている。学習面での辛さに寄り添い，学習に前向きに取り組めるようにすることは，教師として最重要の課題だと認識したい。

② 学年特有の難しさを理解する

中学年特有の難しさ
・・

　１年生は，何もかも初めてだから丁寧な指導が必要だ。高学年は，学習内容も子ども同士の人間関係も難しい対応に迫られる。そんな固定観念があるからだろうか，一般的に初任の教師は中学年の担任に充てられることが多い。だが，中学年の指導を誤るとすぐに落ち着きのない荒れた学級になったりトラブルが頻繁に起きたりする。この時期にどう育てられたかは，その後の学校生活に大きな影響を与える。

　指導が難しい理由の一つが，学習に関するものだ。低学年の時に比べて学習内容の抽象化が進み，それまで目立たなかった学習の遅れが急に表面化してくる。型にはまった授業を進めると，すぐに興味を失ったり，やる気をなくしたりする子どもが出てくる。しかし，高学年に比べれば他者を気にせず自己表現できる時期にあり，伸びしろは大きい。子どもたちの興味・関心や一人一人の子どもの学び方の特性に対応した学習指導を進めることができれば，この時期の子どもたちはとてもよく育つ。

　もう一つ，留意しなければならないのは，低学年までに乗り越えているはずの発達課題が残ったままでいることと，思春期特有の精神状態が早くも表れてきていることだ。「続く幼児期」「早まる思春期」の真っ只中。幼児期の未熟さを残しながらも，思春期特有の悩みや課題を抱える子が出てくるから複雑だ。幼児期と思春期が混ざり合った難しさを意識しながらの指導を工夫する必要がある。いつも「先生，見て，見て」と言い，自分に注目してほしい気持ちが強い子。何かにつけて教師の対応に不満を抱き，反抗的な態度を示す子。一人の子どもの心に両方が混在しているからややこしい。

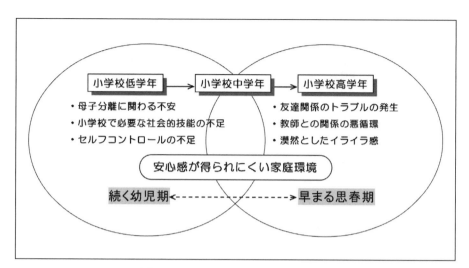

小学校中学年の指導を困難にしている要因

安心感を育むことから

　幼い頃から十分に甘えることができなかったり，親の暴力的な言動にさらされたり……。安心感をもてないまま育った子どもたちは，すぐ学習へのやる気を失ったり，荒れた気持ちを周囲の子どもたちや教師にぶつけたりする。それだけに，子どもたちが抱えているものを理解した上で対応しないと的外れになり，状況をさらに悪化させてしまう恐れがある。

　何よりも大切にしたいのが，安心感を育む教師の対応であり，安心感で満たされている学級の雰囲気づくりだ。得意・不得意に差はあっても，安心して自己表現したり間違えたりできる授業や，いつも安心して過ごせる級友。それを生み出すのが教師の仕事である。当たり前のことだが，子どもが学校で費やす時間のほとんどは授業だ。個々の子どもたちの特性が生き，安心して学べる授業にするための工夫を心がけたい。

③ 子どもの特性に応じた，オーダーメイドな対策を用意する

さまざまな感覚過敏

　運動会の徒競走。スタートのピストルの「パーン」という大きな音が苦手で，ピストルが鳴る前に耳を塞いでしまう。だからうまくスタートできず遅くなる。音が怖いから運動会には出たくないという子もいる。普段の授業でも，友達の会話にすぐ反応してしゃべってみたり，窓外に見えた飛行機に目を奪われたりして学習に落ち着いて取り組めない。そんな子どもたちは，学級内に一定数存在する。

　音声や視覚情報に関する過敏さは，授業や行事で不利にはたらいたり，周囲の誤解を招いたりする。皮膚の感覚が過敏で，特に暑い日の練習ではイライラが高まる。背中に汗が流れるような日には，気持ち悪くてしかたない。たいてい「汗をかいて気持ち悪いのなんてあたりまえじゃない」と言われてしまうけれど，本人の「気持ち悪さ」は他の子たちとは比べ物にならない。

　音や視覚的な刺激にしても，暑さのような感覚刺激にしても，自分が感じている状態をなかなか理解してもらえない。大げさに反応しているように思われ，叱られることが増えてしまう。教師の叱責が度重なると，周囲の子どもたちからも冷たい視線や嫌がらせの言葉を浴びるようになる。余計な刺激がなければ平然と取り組めるはずの子どもにとって，辛い仕打ちに違いない。

学校で実行しやすい刺激への対処法を考える

　音の刺激に敏感で，日常的に授業に集中できないのであれば，対処法としてイヤーマフ（耳に入る音量を下げるヘッドホン型の耳当て）やノイズキャ

ンセラー機能のある耳栓などをつけると効果がある。ただし，急にヘッドホンのようなものを着用すると，周囲から否定的な反応が起きる心配があるので，本人や家族の同意と学級全体への周知が必要だ。

イヤーマフの使用に当たっては，集中したい時にはだれでも使っていいと伝えて予備を用意しておくと，一人を特別扱いしているように思われてしまうのを防ぐことができる。教室にイヤーマフを配置した当初は「わたしも，ぼくも……」と奪い合いになることもあるが，次第に本当に必要な子どもだけが使うようになっていく。

困った時に自分で対処できるように

一般的に「視覚的な刺激に敏感すぎる子どもは，座席を前にして他の子どもたちの様子が視野に入らないよう」と言われる。しかし，視覚刺激だけでなく音声にも敏感な子の場合には，座席を前にしたとたん，背後の子の声に反応して後ろばかり気にすることもある。そのため，その子の特性に応じたオーダーメイドな刺激対策が必要だ。入学して間もない子の場合には難しいかもしれないが，ある程度学校生活を経験した子ならば，教師との話し合いでよりよい対策を考えることも可能だ。

対策の方向性が決まれば，次は本人が必要に応じて自分に合った対処法を利用できるようにしよう。暑くて汗が気になる時，教師に一声かけてからトイレや保健室等で汗をぬぐったり，着替えたりすることができる。周囲の声がうるさくて学習に集中できない時には，机の横に掛けてあるイヤーマフを自分の意志で使うことができる。自分の判断で，そのようなことができるようになれば，学校生活は楽になることだろう。

学級全体には「一人一人，刺激への感じ方は異なる」ということを理解できるよう情報提供したり体験させたりし，対処法をいろいろ紹介したりしてみよう。それを役立てようとする子もいるかもしれない。進級して担任が替わる場合に，きちんと引き継ぎしておくのは言うまでもない。

④ 子どもの学び方の多様性に応じる

子どもの「学び方」に寄り添う

　学習場面で「子どもに寄り添うこと」を考える際には，「子どもの『学び方』に寄り添う」という視点が欠かせない。一人一人の学び方に寄り添う対応は，これまでどのようなことが行われてきただろうか。

　早く課題を終えた子どもに発展課題を用意すること，問題解決に苦しむ子にはヒントカードを与えること等は，よく行われている一般的な対応だ。聞く力が弱く視覚優位の子のために，教師の説明を話だけでなく板書したり，図や絵で表したりするような対応も当たり前のものとなってきた。とはいえ，子どもたちの学び方には幅広く多様性が存在するから，子どもの学び方に十分に寄り添えているかと問われれば，まだまだという教室が多いのではないだろうか。

　学びの多様性に応じるには，「だれもが学べるような共通の手立て」の工夫では限界がある。ある子には学びやすくなっても，別の子にはかえって学びにくいということもあり得るからだ。個々の子どもたちの多様な学び方が生かされるような授業の仕組みが必要だ。

UDL（学びのユニバーサルデザイン）

　アメリカの研究団体 CAST の提唱する UDL（Universal Design for Learning／学びのユニバーサルデザイン）は，学習者の多様性を考え，すべての学習者がそれぞれの強みを生かして学習に参加できる機会を提供するための，原則と実践例を示したガイドラインだ。子どもが意欲的に学べる授

業。子どもの学び方の特徴を生かせる授業。子どもが自分で学び方を工夫できる授業。そういった授業にするための方向性を示している（24-25ページ参照）。

　UDLガイドラインについて筆者が最も共感しているのは「辛い思いをさせてでも苦手なことを克服させる」のではなく，「得意な面を生かして個々の子どもたちの学びを成立させる」という姿勢だ。授業中，マイナス面のみに着目するのではなく，得意な面を最大限生かせるような指導を心がけるための根拠となっている。学習面で辛い思いをしている子どもに寄り添う指導を進めるためには，その子が何に困り，何に苦しんでいるのかを把握している必要がある。心理検査や日常の授業観察に基づくアセスメント結果をきちんと読み取ったり，発達の状態や学習の定着状況を的確につかんだりする力はつけておきたい。

「教師が教える授業」から「子どもが学ぶ授業」へ

　UDLが目指すゴールは，「子どもを学びのエキスパートにする」ということだ。筆者は，UDLのガイドラインを学び始めてから，授業の準備をする際に子どもたちの脳の働きを意識するようになった。「感情ネットワーク，認知ネットワーク，方略ネットワークのそれぞれをどう活性化できるだろうか」と考えることで，授業の展開や準備すべきことを整理しやすくなった。その結果，少しずつだが「教師が教える」学習から「子どもが学ぶ」学習へと移行することができるようになった。

　社会的な状況の著しい変化や，子どもたちの興味・関心・心理特性などの多様な広がりを考えれば，授業の在り方を大きく変える必要がある。障害のあるなしに関わらず，多様でユニークな特性をもつ子どもたちに，通常の学級の授業はどう応えていくのか。「主体的・対話的で深い学び」の実現に向けた実践やICT活用が進む中，これからの新しい授業を開発する上での大切な指針となるのがUDLなのだ。

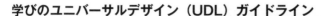

学びのユニバーサルデザイン（UDL）ガイドライン

取り組みのための多様な方法
を提供しましょう

感情のネットワーク「なぜ」学ぶのか

アクセスする

興味を持つためのオプションを
提供する（7）

- 個々人の選択や自主性を最適にする（7.1）
- 自分との関連性・価値・真実味を最適にする（7.2）
- 不安要素や気を散らすものを最小限にする（7.3）

積み上げる

努力やがんばりを続ける
ためのオプションを提供する（8）

- 目標や目的を目立たせる（8.1）
- チャレンジのレベルが最適となるよう（課題の）
  レベルやリソースを変える（8.2）
- 協働と仲間集団を育む（8.3）
- 習熟を助けるフィードバックを増大させる（8.4）

自分のものにする

自己調整のためのオプションを
提供する（9）

- モチベーションを高める期待や信念を持てるよう
  促す（9.1）
- 対処のスキルや方略を促進する（9.2）
- 自己評価と内省を伸ばす（9.3）

ゴール

学びのエキスパート

目的を持ち，やる気がある

提示（理解）のための多様な方法を提供しましょう
認知のネットワーク「何を」学ぶのか

行動と表出のための多様な方法を提供しましょう
方略のネットワーク「どのように」学ぶのか

知覚するためのオプションを提供する（1）
- 情報の表し方をカスタマイズする方法を提供する（1.1）
- 聴覚情報を，代替の方法でも提供する（1.2）
- 視覚情報を，代替の方法でも提供する（1.3）

身体動作ためのオプションを提供する（4）
- 応答様式や学習を進める方法を変える（4.1）
- 教具や支援テクノロジーへのアクセスを最適にする（4.2）

言語，数式，記号のためのオプションを提供する（2）
- 語彙や記号をわかりやすく説明する（2.1）
- 構文や構造をわかりやすく説明する（2.2）
- 文字や数式や記号の読み下し方をサポートする（2.3）
- 別の言語でも理解を促す（2.4）
- 様々なメディアを使って図解する（2.5）

表出やコミュニケーションのためのオプションを提供する（5）
- コミュニケーションに多様な媒体を使う（5.1）
- 制作や作文に多様なツールを使う（5.2）
- 練習や実践での支援のレベルを段階的に調節して流暢性を伸ばす（5.3）

理解のためのオプションを提供する（3）
- 背景となる知識を活性化または提供する（3.1）
- パターン，重要事項，全体像，関係を目立たせる（3.2）
- 情報処理，視覚化，操作の過程をガイドする（3.3）
- 学習の転移と般化を最大限にする（3.4）

実行機能のためのオプションを提供する（6）
- 適切な目標を設定できるようガイドする（6.1）
- プランニングと方略の向上を支援する（6.2）
- 情報やリソースのマネジメントを促す（6.3）
- 進捗をモニターする力を高める（6.4）

いろいろな学習リソースや知識を活用できる

方略を使いこなし，自分の学びの舵取りをする

udlguidelines.cast.org ¦ © CAST, Inc. 2018 ¦ Suggested Citation: CAST（2018）. Universal design for learning guidelines version 2.2 [graphic organizer]. Wakefield, MA: Author. より作成

⑤ 身近なモデルを示したり，不安感を和らげたりして行動を支える

ハンドパペットをコーピングモデルに

　学校では学習のモデルとして「よいお手本（モデル）」を示すことが多い。少しの努力で，提示されたお手本のようにできそうだという子にとっては「よいお手本」は「よい学習成果」をもたらしてくれる。一方，その学習が苦手な子の場合には，「よいお手本」が，やる気を削いだり不安感を高めたりしてしまうことがある。「あんなのできないよ」という思いが湧き起こるからだ。

　低・中学年を担任する時に，私はハンドパペットを多用してきた。ハンドパペットには「あまりうまくできなくて失敗ばかりしているけれど，できるようになろうと努力しているモデル」を演じさせる。モデリング学習におけるコーピングモデル（coping model ＝状況に対処しようとするモデル）の役割だ。授業場面での実際の使い方の一例として，小学校低学年の漢字の書き方指導を取り上げてみよう。

　漢字の成り立ち，読み方，書き方などを説明した後，書き方のお手本をハンドパペットにチョークを持たせて板書する。わざと一部を間違えたり雑に書いたりすると，子どもたちは「まん中が短すぎる」とか「はねてない」などといろいろなことに気付く。「じゃあ，だれか書いてくれないかなぁ」と伝えると一斉に手が挙がるので，1，2名指名して黒板に書かせる。うまく書けたところにマルをつけて，「もういちどジャンジャン（＊）に書いてもらうよ」（＊筆者が使用しているパンダのハンドパペットの名前）と言ってから，前よりも少しだけ上手に黒板に書く。そして「今度は自分で書いてみよう。ジャンジャンよりも上手に書けるかな？」と投げかければ，「かんた

んだよ」と，やる気満々の声が返ってきて熱心に取り組む。字を書くのが苦手な子も「ジャンジャンよりもきれいに書くぞ」と意気込んで書き出す。

心理療法を学級の指導に生かす

たいていの子は不安など感じない対象であっても，極端に高い不安感を抱く子がいる。水が怖くてプールにまったく入れない子。子ども集団を見かけると急に緊張感が高まる子。みんなの前で言葉を発することに強い抵抗を示す子。そんな子どもに出会った時は，心理療法の一つ，系統的脱感作法をアレンジした手立てを役立ててきた。

水が怖くてプールに入れない子のケースでは，本人と話し合いながら，不安感の低いものから高いものへと行動の段階を明確にした。そして，水道の水で手を洗う⇒水道の水で顔を洗う⇒プールの水に手の指を入れる⇒プールの水につま先を入れる⇒プールサイドに座って膝まで水に入れる，というように，本人の不安の度合いの低いものから順に慣れさせていく。その際，お気に入りのマスコットを持たせたりやさしく手を握ったり深呼吸させたりして，不安を和らげる。一つの課題から次に移るタイミングは，「急がずじっくり」を基本とする。絶対に水に入るのは無理と思われていた子が，時間をかけた根気強い繰り返しを経て，プールに入って水遊びをする瞬間に立ち会えた時の喜びは今も忘れられない。

何らかの原因で，教室場面や子ども集団への高い緊張感や不安感が生じたことによる不登校のケースでも，同じような展開で改善が図れる場合がある。どのような場所や活動，また人ならば，不安感はどれくらいになるのかを聞き取り，その不安を減らせるような遊びやぬいぐるみ，あるいは音楽などと繰り返し結びつけていく。段差の低い階段を少しずつ上るように，ある段階の不安感がなくなったら次の段階へと進むようにする。何が不安を減らせるかは一人一人異なるので，じっくり観察しながら焦らず見守る。時には数段を跳び越すような場面にも出会うが，指導者は常に落ち着いて見守りたい。

⑥ 子どもが理解しやすいゴールとルートを 設定する

授業に取り組もうとしない子へのはたらきかけ

　授業が始まっても，教科書やノートも出さずに窓の外をぼんやり眺めている子。課題に取り組んでもすぐに飽きてしまって，隣の子とおしゃべりしたりノートに落書きしたりする子。そんな子どもたちにかけるのは，「ノートを開きなさい」とか「おしゃべりを止めなさい」といった言葉になりがちだ。しかしそのような声かけは，指示的・命令的なものであって，子どもが学習行動を起こそうとするための手掛かりにはなりにくい。声かけそのものが学習内容とは結びついていないから，ひどい場合には「ああ，先生が何か言ってるな」程度の情報しか子どもには届かない。日常的に注意を受けている子の耳は，そんな声をはじめからシャットアウトする。そればかりか，その教科がどんどん嫌いになっていくかもしれない。学習に取り組もうとしない子どもを学習活動に方向付けることは必要だが，それ以上に必要なのが「面白そうだな」，「やってみようかな」という気持ちを引き出すことだろう。

子どもたちが理解しやすいゴールを設定する

　山登りに興味がない子どもに，目指す山頂もルートも示さず「さあ，登ろう。リュックは持ったか？」と声をかけたら，登ろうという気になるだろうか。必要なのは，子どもにわかりやすく山頂（ゴール）とルート（ルーブリックや学習の流れ）等を提示することだ。授業の始めに「学習のめあて」と板書するとしよう。そのめあてが抽象的なものだったり活動内容だけを示したりするものならば，授業開始早々に「面白くなさそう」と感じる子も出て

くるかもしれない。たとえば，「東京都についてくわしく調べよう」とめあてを提示されても，それはゴールではなく方向だけが示されたことになる。「東京都の地形のスペシャリストになろう」としたらどうだろう。「〇〇のスペシャリスト」という具体的なゴールが示されることで学習意欲は格段に高まる。「東京都の〇〇のスペシャリスト」というゴールの「〇〇」の部分を子ども自身が選択できれば，主体的な学びにもつながる。さまざまな「〇〇スペシャリスト」が情報を伝え合い，質問し合うような活動にすれば，対話的な学びになる。その結果，お互いの学びを深め合うことにもなっていく。

子どもたちが理解しやすいルート（評価基準／ルーブリック）を示す

　ゴールを示したら，同時にルートも示そう。この時に示すとよいのは，単なる学習の流れではなく，学習の評価基準の表（ルーブリック）である。ルーブリックは，子どもの学習到達状況を評価するための評価基準表だが，子どもたちが理解しやすい基準に変換して示そう。学習活動が進んで行く中で，「今，自分がどの位置（段階）にいるか」を子ども自身で確認できる。つまり，「教師が子どもを評価するための基準」から「子どもたち自身がゴールを目指すためのルートの確認」へと変わるのだ。

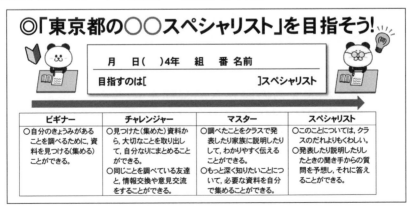

ルーブリックの例

⑦ 授業中のアウトプットの場を増やす

わかっているのに発言しないのはなぜか

　低学年の教室は，発言したい子でいっぱいだ。教師に求められる回答が一言で済むようなものならば，子どもたちは「ハイ，ハイ」と元気よく挙手する。だが，意見はあってもそれを短い時間で整理して話すのが苦手なために発言を控えてしまう子どもや，緊張しやすい子どもも存在する。高学年になれば，自分の発言に対する周囲の反応に敏感になる。評価不安が高まり「先生から悪い評価を受けたり，友達に否定されたりするくらいなら黙っていた方がいい」と考えて，発言するのを躊躇してしまう子どもが多くなる。

　教師の指導の問題もある。低学年の時は発言内容が簡単なものだから，たくさんの子どもを次々に指名して答えさせることが可能だった。ところが中・高学年になると，長い説明を要するような内容に変化していく。そのため一つの発問に関して多くの子どもたちに発言をさせにくくなる。子どもからすれば，せっかく挙手しても指名されるチャンスが少ないのだから，挙手・発言する意欲が削がれてしまうのは当然の成り行きだ。

挙手した子を指名する授業からの脱却を

　多くの子どもたちが，自分の考えを多様な方法でアウトプットできるようにしたい。そのためには「挙手⇒指名⇒発言」という授業形態から離れてみてはどうだろう。意見を人に伝える方法は多様であり，「挙手して発言」はその中の一つであっても，唯一の方法であるわけではない。

　小グループでの話し合いで出された考えを代表者がまとめて発表して全体

での共有を図る形態であれば，発言はしやすい。代表者を交代制にすれば，どの子にも発言する機会が与えられる。

　たとえば，KJ法的な発想での意見収集・意見の整理は授業を活性化させる。出された意見を簡単な文やキーワードで表してカードに書き，どんどん黒板に貼付していく。それをもとに似ている考えを整理したり，自分の意見について詳しく解説させたりするのだ。今後，学校のICT活用が進めば，このようなやり方は一気に効率化できる。

　若手・中堅の教師は，デジタルネイティブ世代。タブレット端末に入力した考えやノートに書いた答えをクラス全体で共有できるようなシステムなど，使いこなすのは容易なはずだ。児童間で情報のやり取りができるアプリケーション（例えばロイロノート・スクール）を使えば，子どもたち同士の意見交換や意見集約は飛躍的にスムーズになるだろう。

間違ってもだいじょうぶ，という雰囲気づくり

　「教室は間違えるところだ」という宣言を掲げたとしても，それが実行できていなければ意味がない。意味ある宣言にするためには，間違った発言でも積極的に受容し生かす工夫が必要だ。

　恥ずかしがり屋の子がやっとのことで自分の考えをアウトプットできたが誤った内容だった，というような場面に出会った時，教師は焦ってしまう。だが，そんな時こそチャンスだ。誤りに対する自分なりの考えや誤ってしまった理由などについて，グループで，あるいは学級全体で考える時間を与える。「誤り」を「深く考えるための学習素材」に変えるのだ。授業の終わりに「A子さんのおかげで，みんなの読みを深めることができた」と価値づけすれば，「間違ってもだいじょうぶ」という安心感は高まるだろう。それどころか，間違うことで学習は深まるのだという意識も育まれる。「間違えることは意味あることだ」という日常の雰囲気の中で，のびのびとアウトプットできる子どもが育っていく。

情報伝達機能と感情伝達機能を意識して

・・

　「ほめる」・「叱る」という行為には，情報伝達機能と感情伝達機能の2つの機能がある。ほめ方・叱り方によって，情報伝達機能だけが働く場合と，感情伝達機能だけが働く場合，そして両方が同時に働く場合がある。その全体像を以下のような表に整理してみた。

　情報伝達機能としては，ほめることで「正しい（よい）」ということを伝え，叱ることで「間違い（悪い）」という情報を伝えている。

	情報伝達機能		感情伝達機能	ほめる・叱るの ◎メリット ●デメリット
	結果への評価	経過／努力への評価		
ほめる	・正解です ・うまくできています ・よいやり方です ・そのやり方を続けましょう ・もっとやりましょう ・すばらしい成果です	・がんばったね ・その調子でがんばろう ・結果は不十分だけど，努力は認めるよ	・うれしいよ（共感） ・助かるよ（感謝） ・応援するよ（激励） ・大好きだよ（愛情） ・いいね（受容） ⇒安心感につながる	◎やる気を引き出す ◎場の雰囲気を明るくする ◎自信を生み出す ◎自己肯定感を育てる ●「ほめられないと行動しない子」になる恐れがある ●ほめられた子に嫉妬する
叱る	・答えが間違っています ・やり方が間違っています ・成果が不十分です ・これではだめです ・やめなさい	・努力が足りないよ ・もっとがんばらなくちゃだめだよ ・意味のない努力だね ・取り組む姿勢（態度）が悪いよ ・そんなことやっている場合じゃないよ ・将来困るよ	・悲しいよ（悲しみ） ・やめて（抑制） ・嫌だなぁ（否定） ・知らないよ（無視） ・いい加減にして（嫌悪感） ・こらっ！（怒り） ⇒不安感につながる	◎簡単に使える ◎即効性がある ●効果が一時的 ●やる気をなくす ●叱られた子が叱った側に悪感情を抱くようになる ●叱られた子への否定的感情や差別意識を喚起する ●情動を不安定にする

感情伝達機能面から見ると，ほめることで「安心感」につながるような肯定的な感情が伝えられる。一方，叱ることでは「不安感」につながるような否定的な感情が伝わる。相手にどのような感情が伝わるかを意識すると，ほめ方・叱り方に多様なバリエーションが生まれる。

叱る場合の感情伝達機能には要注意

ほめる際の感情伝達機能は，安心感をもたらすものなので，基本的にはしっかり感情を込めてほめるのが効果的だ。一方，叱る際には留意すべきことがある。

子どものいけない行為に対して叱責を与える時に気を付けなければならないのは，情報伝達機能よりも感情伝達機能の方が優位になってしまうことだ。時には怒りや悲しみの感情をぶつけることも必要かもしれない。しかし怒りに関しては，その感情をあまりにも前面に出しすぎてしまうと失敗する。感情に任せて相手を非難するばかりで，肝心な「その行為を止めなさい」という情報を冷静に伝えられなくなってしまうからだ。

特に，何度叱責してもその子が同じ行為を繰り返すような場合には注意が必要である。行為そのものだけでなくその行為を行う子どもへの怒りが高まってしまう。行為ではなく，子どもへの怒りの感情が前面にでてしまう指導や叱責は，百害あって一利なしととらえておくべきだろう。

小学校も高学年になると，教師側からすれば「叱られて当然」という行為であっても，子どもの側としては納得がいかず，叱られたことに対して反感を抱くことがある。指導する側の怒りが強く出てしまうと，その怒りは子どもの怒りを誘発する。特に情緒的に不安定な前思春期や思春期の子どもへの叱り方には，細心の工夫が必要だ。

叱る場合には，感情をむき出しにして一方的に叱るのではなく，子ども自身の内省を促すことがポイントになる。

⑨ 「ほめず」にほめる・「叱らず」に叱る

ほめずにほめる

　「ほめて育てよう」と言われても，反抗的な態度を示す子どもを目の前にすると，「ほめてばかりもいられない」と感じてしまう。話をきちんと聞こうとせず斜に構える子どもに対しては，いらつく気持ちが表情に表れたり話し方に心がこもらなくなったりする。そんな態度でほめても，ほめ言葉は子どもの心には響かずに終わる。筆者自身，ほめるのがあまり得意ではなく，反抗しがちな子をやっとのことでほめた途端，「本気でそう思ってるわけじゃないくせに……」という言葉を返された苦い経験がある。

　そんな経験を経て思いついたのが，ほめたい内容をあえて伝えない「ほめずにほめる」方法だ。ひと言で言えば，ほめられるべき行為を，子ども自身に思い起こさせるやり方である。教師への反抗心が強い子どもの場合，教師にほめられたからといって，それを素直に受け止められないことがある。教師の作為を敏感に感じ取り，逆効果になってしまうことさえある。ある時，具体的にほめるのではなく，相手に想像させる手法を取って見た。それが意外なほどの効果を示し，子どもとの関係改善に役立った。次のようなやり取りをするだけの，簡単な方法だ。

　教師「○○君，きのうの体育の時間，よかったよ。いいなって感じたことが２つあるんだけど，わかるかな？」

　児童「わかんねえ……」

　教師「そう，じゃあ，わかったらあとで教えてくれるとうれしいなあ」

　児童「やだ……」

　たいていはこんなやり取りだけで終わってしまうが，時には「わかんね

え」ではなく何かしら答えてくれることもあるし，「やだ」と言いながらも
あとで伝えに来ることもある。たとえ会話が途切れたまま終わったとしても，
子どもが何も感じていないわけではない。きのうの出来事を振り返り，教師
が「いいなと感じたことは何だろう？」と考えるきっかけにはなるだろう。
真面目に考えようとしない子どもであっても「先生が自分を肯定的に見てく
れている」という意識は喚起されるし，反抗心そのものを減じる効果もある
ように感じている。

　このやり方は，セルフモニタリングを促し，肯定的に自己の言動をとらえ
るきっかけを与えることのできる手法といえるだろう。学級全体をほめる場
合に応用しても効果的だ。

叱らずに叱る

　普段から反抗的な子は叱られれば余計に反抗的な態度を取るし，反抗的な
態度を目のあたりにした教師はさらに厳しく叱りたくなる。その結果，叱る
⇒反抗される⇒さらに叱る⇒さらに反抗される，という悪循環にはまってし
まう。そんな悪循環は回避したいものだ。
　子どもが問題を起こした時は最大のチャンス。面と向かって話す機会が得
られるのだから，それを生かさない手はない。「ほめずにほめる」を応用し
て，叱らずに叱るようにする。たとえばこのようにしてみたらどうだろう。

　教師「今，私が言いたいことは３つ。何だと思う？　３つのうち，２つわ
　　　　かったら，今日のお説教はそれでおしまい」

　１つではすぐに思いついてしまうし，３つではなかなか思いつかない可能
性がある。「２つならなんとかなるかも……」と考える余裕を与えるのだ。

　児童「わかった。暴力をふるったことと，あやまらなかったこと」

　教師「そうだね。あと１つはじっくり考えて，思いついた時に教えてほし
　　　　い」

これで終わりだ。頭ごなしに叱るより，自分で考えさせる効果は大きい。

⑩ 子どもは教師（＝自分）の鏡であることを 意識する

教師は最も影響力のある教育環境
・・・

　「教師は最も影響力のある教育環境」と言われる。身近な大人の言動は，小学生の素直な心に大きな影響を与えるが，とりわけ教師の影響は大きい。
　「親がいくら言っても聞く耳を持たないのに，先生が話してくださったことなら守ろうとするんです」
　保護者会や個人面談などでよく耳にする言葉だ。子どもは教師の言動を見たり聞いたりする過程で，無意識のうちに価値あるものとして取り入れていく。特に低学年ではその傾向が顕著だ。
　とはいえ，教育環境という面から昨今の教師の言動を捉えてみると，心配なことがいくつかある。言葉の乱れや単純化，教師自身が学ぶ姿勢などだ。

教師の言葉
・・・

　教育環境としての教師の姿勢には心配なことが多々ある。その代表格が言葉の乱れだ。職員室で，こんなやり取りを耳にすることはないだろうか。
　「明日の遠足，雨で延期になりそうだね」
　「マジか？」
　「あの書類の提出期限，今日だったよね？」
　「ヤバイ，忘れてた！」
　「〇〇さんの作品，メチャクチャいいね」
　「メッチャ，いけてるよね」
　テレビ番組では，のべつ幕無しに「メチャクチャ（メチャメチャ）」が使

われている。美味しいものを口にすれば「これ，メチャクチャうまい」と叫び，かわいい動物に触れれば「メチャクチャかわいい」と言う。ほかに美味しさやかわいさを表す表現をもたないのだろうかと悲しくなる。

　教師が日常的に「ヤバイ」や「メチャクチャ」のような言葉を連発し，貧弱な語彙で授業を進めていれば，子どもたちの言葉も貧弱になる。教師が乱暴な言葉遣いをしていれば，子どもたちの言葉も乱暴になる。教師の言葉が子どもたちの言動や思考に与える影響は計り知れない。

　私が初任の時に出会ったA先生の指導は，今でも私の目標だ。いつもしっとり，丁寧な言葉づかいが印象的だった。反抗しがちな6年生の子どもたちを前に，決して声を荒げることなく美しい言葉で指導し，子どもたちはのびのびと育っていた。

モデルとしての教師の学ぶ姿勢

　読書好きの教師の学級と，読書をあまりしない教師の学級では，読書に取り組む子どもたちの姿勢に違いが現れる。「読書をしよう」と子どもたちに言いながら教師自身が読書していないのでは，子どもたちの読書への意欲はいまひとつ高まらない。同様に，教師が学ぶ姿勢を大切にしているかどうかは，子どもたちの学びにも少なからぬ影響を与える。自ら学んでいる教師は，機会をとらえては，初めて知ったことへの驚きや疑問に感じていることなどを教室で話す。そんな教師の姿勢から，子どもたちも学ぼうという意欲を高めたり，学校の内外関係なく学ぶ場を求めたりする。

　明日の授業を充実させるためには，教材研究が必要だ。しかし，忙しい中にあっても目の前の教材のみに縛られるのではなく，広く深い世界を学ぶ努力を重ねられる教師でありたい。子どもたちの「主体的・対話的で深い学び」を教室で実現するためには，そんな姿勢を示す身近な教師の存在が大きく影響してくるのではないだろうか。

⑪ 受容と要求（指導）のバランスをとる

子どもによって受け止め方が異なる教師の指導態度

　ありのままの子どもの姿を受け止める（受容する）ことは，教師が子どもに向かう時の基本中の基本だ。子どもたちは，自分の気持ちをしっかりと受け止めてくれるような先生，失敗しても頭ごなしに叱らず訳を聞いてくれるような受容的な先生を望んでいる。子どもの気持ちを理解し受容的な態度を示すことのできる先生のもとでは，子どもたちは安心して学校生活を送ることができる。しかし「受容的態度」は，時として指導の曖昧さや統率力のなさに結びついてしまうこともある。「先生はなんでも聞いてくれる」ということを，「勝手気ままが許される」というように歪んで捉えてしまう子どもも少なからず出てくるのだ。

　一方，指導に曖昧さがなく，要求的態度を前面に出してぐいぐい学級経営を進めていく教師はどうだろう。統率力があって迷わず進めるからありがたいと感じる子どももいれば，「ああしなさい」，「こうしなさい」とうるさく言われて鬱陶しく感じたり反発したりする子どももいるはずだ。特に，多動傾向のある子や発達に偏りのある子にとっては，教師主導の緊張感のあるクラス環境は居心地が悪いものかもしれない。

指導態度はバランス感覚を大切に柔軟に変えよう

　教師の指導態度を見ると，受容的態度が前面に出やすいタイプもいれば，要求的態度が前面に出やすいタイプもある。いずれのタイプでも，過去にうまくやってこられた経験が多いほど，指導態度は固定化しやすい。心に留め

ておきたいのは，クラスによって，また子どもによって教師の指導態度の受け止め方はさまざまだということだ。

　下の図は，教師の指導態度についての研究（嶋野，2019ほか）に基づくもので，「受容的態度」と「要求的態度」の2つの要素から見た4種の指導類型である。子どもたちが「先生は受容的だ」と感じるほど右辺へ，「先生は要求的だ」と感じるほど上辺へと移る。とても受容的だけれども子どもたちへの要求も高いという先生はAD型，対照的に受容的でも要求的でもない先生はad型となる。学級経営がうまくいっている教師の多くは，受容も要求も高いレベルでバランスの取れているAD型だろう。子どもが認知する教師の指導態度のうち，受容だけが高かったり要求だけが高かったりする学級は，受容と要求のバランスが崩れてあまりうまくいっていないケースが多い。

　新年度，子どもたちの思いを受け止めることに重きをおくタイプの教師もいれば，学習や生活について明確な要求を示してしっかり指導するタイプの教師もいる。どちらがよいかではなく，目の前の

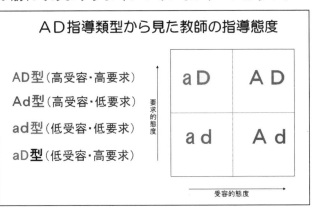

教師の指導態度

子どもたちに対する指導として，受容と要求のバランスが取れているかどうかが大切だ。

　「学級崩壊」と呼ばれるような現象の多くは，受容と要求のバランスの崩れにその原因の一端があるような気がしてならない（浦野，2001）。学級の実態や子どもたちの特性を見て，教師の指導態度を臨機応変に変えていけるだけのバランス感覚と柔軟性を失わないようにしたい。

⑫ 仲間関係の築きやすい優しく開放的な集団をつくる

仲間に加われない子

「仲間に加われない子」に共通するのは社会性の不足だろう。だが，「社会性が不足しているなら，社会性を身に付けさせればよい」と言う単純な図式で対応を考えるのは早計だ。社会性を育てようと無理に仲間に加えようとしても，不安感を煽るばかり。発想の転換が必要になる。まずは「仲間に加われない子」を，「仲間に加われない『場面』が多い子」と捉え直してみよう。どのような場面で仲間に加わらず，それを克服するのに役立つ支援は何か。そう考えれば，支援の具体的なイメージをつかみやすくなる。

休み時間に友達と外遊びしない子が常に仲間に加われない子かというと，けっしてそのようなことはない。教室内で楽しそうに友達と遊んでいたりする。外で元気に遊ぶ仲間には加わりにくい子ではあっても，「仲間に加われない子」なのではない。環境次第で折り紙遊びの仲間関係，オセロゲームを通じた仲間関係などが生まれる。そういった関係も大切にしながら，少しずつ外遊びの仲間に加われるように支えたり，集団の側から誘いの言葉を投げかけるよう指導したりすることも，支援の選択肢として残しておきたい。

仲間に加わらない子

あえて仲間に加わろうとしない子どももいる。休み時間は教室で読書をしたり校庭に出て虫探しをしたりして，それなりに楽しんでいる。教師や友達が遊びに誘っても「やらない」と言う。グループ学習場面ではある程度仲間と関わることができるが，積極的に意見をまとめるような行動は取らず，あ

くまでも受け身だ。このような「仲間に加われないのではなく，加わろうと思えば加われるけれど，あまり加わりたくない」という態度を示す子どもを目の前にした時には，どのような対応をすべきか迷うこともある。担任としては，集団遊びやグループ活動に誘いたくなる。ただ，一人の時間を好み，やりたいことをしている子に対して，仲間集団に加わるよう無理強いするのは疑問だ。ちょっとしたきっかけで自然に遊び仲間に加わっていることもあるし，学年が進んだ時にはリーダーシップを取っているかもしれない。仲間に加わる機会を焦らずに見守りながら，仲間とつながれる場面をつくる努力を重ねたい。

仲間に加われない子への３つの対応

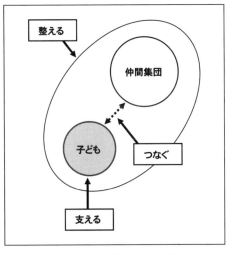

仲間に加われない子への援助

遊びの集団でも，グループ学習のための小集団でも，集団に加われない子どもを担任が支える場合，右の図のような３つの対応（子どもを支える・子どもと仲間集団をつなぐ・学級集団の環境を整える）を進めるとよい。コミュニケーションが苦手だったり緊張しやすかったりする子どもには，苦手な面をフォローする教師の支えが必要だ。遊び集団への入り方を練習するとか，緊張をほぐすための声かけをするなど，具体的なはたらきかけも大切だ。「一緒に遊ぼう」と声をかけてくれる子の存在は，仲間集団につなぐ際にはとてもありがたい存在だ。「いつでもだれでも受け入れられるような優しく開放的な集団」へと学級を整えることは，担任教師の最も大きな役割と言える。

⑬ 「困った事態」を「発達課題」として 家庭と連携する

「困った事態」を「発達課題」として意味づける

「お子さんに何か困ったことが起きたら，その時は『大きく成長するためのチャンスが来た』と考えるようにしてください」

新年度の保護者会で伝えてきた言葉だ。「困った事態＝発達課題（各発達段階で達成しておかなければならない課題）」と捉えてもらうことを意図している。「友達関係のトラブルも，学習面でのつまずきも，乗り越えていけるよう，プラス志向で協力していきましょう」と伝えておくことで，家庭との連携はスムーズに展開しやすくなる。

学級経営を進めていく上でトラブルはつきものだし，トラブルの中で起きる不適応を「困った事態」とだけ受け止めて，どうしようかと焦っていても何も始まらない。子どもにトラブルが起きても，的確な対処がなされるならば，そのトラブルは成長・発達のために役立つ課題となる。「ここを乗り越えれば我が子は一つ成長する」。このような期待感をもてるようにはたらきかければ，保護者も前向きな気持ちになることだろう。

困っているのはだれか

不適応やトラブルに関して家庭に連絡する際には，教師の側が困っているかのようなニュアンスが伝わらないようにしたい。たとえば，落ち着きがなく授業に集中しないような場合に「この頃，○○君が授業に集中できなくて困っています。ご家庭で注意を促してください」などという伝え方はまずい。これでは「教師が困っている」というメッセージになってしまう。困ってい

るのはだれよりも子どものはず。「担任教師である私が困っている」という
メッセージが伝われば家族は困惑する。それどころか「先生は，うちの子の
ことを迷惑な存在だと思っている」と受け取られ，反発を買ってしまうかも
しれない。たとえ保護者から「すみません。注意します」という答えが返っ
てきたとしても，家庭との関係はぎくしゃくしたものになるだろう。

　家庭とのよりよい協力関係をつくりたいのであれば，「最近Ａ男さん，授
業中に落ち着きがなくなっています。Ａ男さん自身，困っていると思うので，
学校で対応を工夫したいと考えています。ご家庭で，何か気になることやご
心配なことはありませんか」というような伝え方をしてみてはどうだろう。
話し方を少し変えるだけで，「担任の先生は，我が子のことを心配してくれ
ている」というメッセージに変わる。学校での不適応が顕著ならば，家庭で
も何かしら困っているような状況があるに違いない。担任から「一緒に対応
を考えましょう」と言われれば，「実は……」と今後の対応に役立つ情報を
伝えてくれるだろう。

プラスの情報を伝えておく

　トラブルが表面化してから慌てて家庭に連絡し協力を求める前に，些細な
事でもかまわないから，よい変化を伝えておくように心がける。保護者と廊
下ですれ違った時でもよいし，連絡帳でも電話でもよい。「Ａ子さん，この
頃，算数でがんばっていますよ。自分の考えを発言することが増えているん
です」，「Ｂ男さん，この間，１年生に優しく声をかけていましたよ」などと
伝える。学校でがんばっている様子が伝われば親は安心する。親の安心感は
子どもの安心感につながり，親もまた安心して学校生活を送る我が子の様子
を見て安心する。そんな好循環のきっかけになる。

　ふだんプラスの情報が伝えられていると，何か問題が起きた時でも，家庭
は学校側からの話を好意的に受け止めてくれる。これは，トラブルが起きた
時に役立つだけでなく，トラブルの予防にも有効だ。

⑭ 行動の原因を見抜き，意味のある アプローチをする

応用行動分析の視点で行動を見る

　「ほめる」・「叱る」という行為は，ごく日常的に行われている行為だ。それだけに，あまり深く考えることなくほめたり叱ったりするのを繰り返しているかもしれない。困った言動が多く荒れ気味の学級を担任すると，叱ることが増え，いくら叱っても変化がないことに苛立ち，どんどん学級が荒れていくことがある。「ほめること」・「叱ること」の基本的な仕組みを理解しているのといないのとでは，教師の指導とその効果に大きな違いが現れてくる。

　「ほめる」・「叱る」の意味を応用行動分析（ＡＢＣ機能分析）の視点から心理学的に理解してみよう。

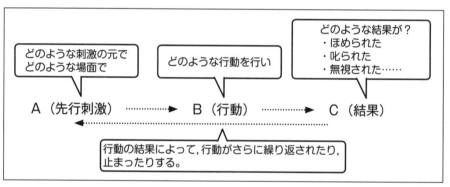

応用行動分析（ＡＢＣ機能分析）の視点からみた「ほめる」・「叱る」

　学校では通常，子どもが何をしたか，つまりＢ（行動）に注目し，その行動をほめたり叱ったりする。その結果が，行動を起こすかどうかを左右するけれども，Ｂ（行動）は，Ｃ（結果）に左右される以前に，Ａ（先行刺激）によって引き起こされていることも考えておく必要がある。その行動を引き

起こしやすくする先行刺激，たとえば「隣の席の子が話しかけてくる」とか，「窓の外の景色が気になる」といったことへの配慮が必要になる。

　ひとことで「ほめる」・「叱る」と言っても，教師の意図と結果は別物だ。ほめたつもりなのにまったく変化が起きなかったり，叱ったはずなのにかえってその行動が増えたりするようなことが起きる。教師のほめた"はず"の行為が，当の子どもにとって意味がなければ，結果としてその行動をほめたことにはならない。一方で，普段は注目してもらえない子どもが叱られると，「先生に注目された」ということがうれしくて，さらに先生の注目を惹こうとして困った行動に出てしまうこともある。

何をほめるか（叱るか），だれがほめるか（叱るか）

　何をほめるか（叱るか）を誤ると，子どもたちが思うように伸びてくれないばかりか，教師への信頼をなくしてしまうこともある。「先生はぼくたちががんばっても認めてくれない」，「私だけじゃないのに怒られる」というような反応が返ってくるようになったら要注意だ。

　反抗的な態度の子，課題に集中できない子，落ち着きのない子などが目立つ学級では，叱らざるを得ない場面が多くなる。叱られても変わらない。変わらないからさらに叱る。叱られるからさらに反抗的な態度をとる。叱ることばかり増えると，叱られていない子どもたちまでやる気を失っていく。ひとたび悪循環にはまると，学級は荒れるばかりだ。

　そんな時には，叱るよりほめることを優先してみてはどうだろう。不適切な行動に注目してそれを罰するより，それを打ち消す（拮抗する）ような適切な行動をほめるのだ。たとえば立ち歩きが多く叱ることの多い子の場合，座っている場面をとらえて「ちゃんと座っているね」と笑顔で声をかける。おしゃべりが多く周囲に迷惑をかける子には，黙って取り組んでいる場面を見逃さずにほめる。すぐに変化は現れないかもしれないが，叱り続けるよりはるかによい結果が得られることだろう。

⑮ 感情のセルフコントロール力を育む

敢えて伝えたいことを伝えず，自分で考えさせるための「テレパシー」

　授業中のおしゃべりが止まない子，友達とのけんかを繰り返す子。いくら叱っても，同じような困った行動が繰り返される状況にイライラしてしまうことはないだろうか。自分勝手な言動や衝動的な行動などへの対応は，ただそれを押さえようとしてもなかなか変えられない。そんな時に注目したいのが，セルフモニタリングとセルフコントロールだ。

　筆者はよく「テレパシー」と名付けた方法を用いている。「テレパシー」と言っても，もちろん超能力のことではない。伝えたいことを言葉で伝えずに，内容を予測させる方法だ。具体例を示そう。

　休み時間に遊んでいてトラブルになり，それを授業時間まで引きずり言い合いを続けるＡ男とＢ男。ついには席を離れての取っ組み合いになってしまった。「止めなさい」と注意しても，一向に止めようとしない。そんな場面では，取っ組み合いをしている二人を離し，廊下に出て小さな声で話をする。叱るような言動は，興奮している二人には火に油を注ぐ結果をもたらすからだ。努めて冷静に，次のように語る。

　教師「あのさあ，今の教室でのことについて，二人に言いたいことが３つあるからテレパシーで伝えるよ（何かを伝えるように無言で二人の目を交互に見つめ）わかったかな？」

　この質問で，たいていは少し興奮が収まる。そして互いに顔を見合わせ，「何だろう」という表情になる。二人は少し考える様子を見せてから，何かしら答える。

　Ａ男「ええっと，授業中騒いだこと？」

教師「そんなことは当たり前すぎて，３つのうちに入りません」
と，少し冷ややかに応じる。

Ｂ男「遊びのルールのことを，暴力で解決しようとしたことかな？」

教師「まずは，そんなところかな」

Ａ男「わかった。先生に注意されても止めなかったこと」

教師「そうだね。注意しても二人は興奮状態で，私を無視した」

　その後，Ａ男もＢ男も３つ目の答えを語るが「違うねえ。もう少し深く考えないとだめだ。あとで聞くから，じっくり考えなさい」と言って，教室に戻す。そんなやり取りの中で，二人の脳の活動は怒りから思考へと変わる。

セルフモニタリングからセルフコントロールへ

　なぜこのような対応で，二人のけんかが治まるのだろう。その理由の一つは，外に向けていた怒りの感情から与えられた課題について考える内向きの思考活動へと，脳の活動が変化したことによる。考えながら怒ることと，興奮したままじっくり考えることを，両立させるのは難しい。一つの行動を止めさせようとしたら，別の行動をさせればよい。

　「テレパシー」の目的はそれだけではない。セルフモニタリングを促し，セルフコントロールできるよう方向付けることが可能になる。けんかをしていた二人は，叱られるのかと思いきや，黙ったまま見つめられて「言いたいことを３つ，テレパシーで送る」と言われる。ことの意外性から肩透かしを食らったように怒りの感情が削がれ，考えることに集中させられる。これが自分自身の言動を客観的に評価する力，すなわちセルフモニタリングの力を育むチャンスとなる。やすやすと正解にたどり着くことができないように応じるのがコツだ。

　３つの答えが明らかになった二人には，次に「じゃあ，どうすればよかったのかな。３つ考えてきなさい」と追加の課題を与える。セルフコントロールの力を育むためだ。

⑯ 認知機能を高める

ワーキングメモリに注目する

　「1回しか言わないからよく聞いてね。1回だけですよ」と言ってから話をした直後に，「先生，今なんて言ったの。もう一回言ってください」と言うＡ子に「1回しか言わないって言ったでしょ。ちゃんと聞いてなさい！」と怒る教師。板書の内容をなかなかノートに写して書かないＢ男に，「ぼんやりしていないで，早くノートに写しなさい」と厳しい口調で注意する教師。私自身，かつて行ったことのあるまずい指導だ。なぜ，まずいのだろうか。

　見たものを記憶する力や，見たものを思い浮かべながら考えたり作業したりする力が弱い子ならば，ノートに写し書きするのは難しい。聞いたことを記憶にとどめるのが苦手な子なら，1回言われただけの話は記憶に残りにくい。それを注意したり怒ったりするのは的外れだし，子どもの心を傷つけてしまうこともある。子どもに寄り添った指導を行うには，ワーキングメモリの仕組みや対処の仕方について理解が必要だ。

　ワーキングメモリは，よく「脳の黒板」と表現される。視覚情報，あるいは聴覚情報を一時的に記憶し，目的に応じてそれを取り出して考える働きをワーキングメモリと言う（湯澤正通・湯澤美紀，2017）。この力が弱いと先に述べたような反応が起き，本人は一生懸命取り組んでいるつもりでも怒られてしまう。程度の差はあれ，聞く力，見る力のいずれか（あるいは両方）に弱さがある子は少なくない。そのような子どもが存在することを常に頭の隅に置いておく。そして，話すだけでなくキーワードや数字等を黒板の端にメモしたり，ノートを取らない子の傍に行き小声で「○○○○……」と板書内容を読んで聞かせたりする等の工夫をしたい。

コグニティブトレーニング

　学習や生活，運動に役立つ認知機能には，覚える，写す，見つける，数える，想像するといったものがある。その得意・不得意を見極めていれば，苦手な機能をトレーニングで伸ばしたり，得意な力で苦手な力をカバーしたりすることができる。宮口幸治氏の開発した，コグニティブトレーニングの中のCOGETは，学校や家庭で実行可能な，認知機能を強化する方法である（宮口幸治，2015・2017他）。教室で気軽に取り組めるものもある。

　トレーニングは以下のような内容で構成されている（日本COG-TR学会ホームページより）。

●漢字が覚えられない，マス目から字がはみ出す，簡単な図形も模写できない，など　　　　　　　　　　　⇒　**みる力の基礎力**

●見落としが多い，黒板を写せない，など　　⇒　**みる力の応用力**

●聞き間違いが多い，ちゃんと聞いていないように思える，短い文章も復唱できない，など　　　　　　　　⇒　**きく力の基礎力**

●聞き間違いはないが，内容が理解できていない　⇒　**きく力の応用力**

●ゆっくりやればできるがスピードが遅い，やればできるのに不注意が多い，など　　　　　　　⇒　**処理スピード・注意力**

●見たり，聞いたりする力，計算や漢字は問題ないが，応用力が弱い，など　　　　　　　　　　⇒　**想像力や考える力**

　クイズのように楽しんで取り組めるものが多いので，家庭の協力を得ながら家庭学習として継続して取り組ませたい。経験上，その効果はゆっくり現れるが確実である。一日でどれくらいの分量ができそうか自分で判断させながら進めていくと，長期間，継続しやすい。与える課題は散逸しないようノートに貼る，バインダーに綴じるなどさせ，学習成果を実感しやすくすると効果が高まる。

⑰ 一人で抱え込まず，学級の荒れを未然に防ぐ

予防に勝る手立てはない

学級の荒れ（学級崩壊）はひとたび起きてしまうと，解決するのは容易ではない。解決の前に考えておきたいのは，問題が起きないようにする予防的な対応だ。基本は，だれもが「学習することが楽しい」と感じられるような授業にすること。小学校の場合，そのような授業の前提として，教師と子どもの間の人間関係が良好であることが重要な要素になる（浦野, 2001）。

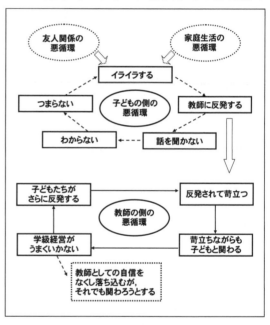

教師と子どもの関係の悪循環

予防的な対応は，「学級の荒れの現象の背景には，教師と子どもの関係の悪循環がある」という視点に立つと考えやすい。図はその悪循環の例であるが，荒れを予防するためにはこのような悪循環が起きないようにすること。そして，悪循環に陥り始めた初期の頃に，その悪循環を断ち切るための対策を考えたりしたい。断ち切りやすいところに目を向けるのが基本だ。

教師への反発をかわし，温かいメッセージを伝え続ける

　些細なことでイライラし，教師への反発や反抗的態度を示す子どもが増えている。彼らの反発や反抗を教師が真正面から受け止めてしまっては，教師自身もイライラしてしまう。それが繰り返されれば，悪循環は増幅されていく。悪循環を防ぐには，この問題をどうするかが一つのポイントと言える。子どもたちが反発しても，それをさらりとかわすような対応がなされれば悪循環に陥らずに済む。

　子どもの反発を招いてしまった時は，一度子どもの側に立って，その子が置かれている状況を想像してみる。「こんなことでも反発したくなるほど，この子は大変な状況に置かれているんだなあ……」という見方ができれば，子どもの反発をそっと受け止めたり，軽く受け流したりすることもできる。

　教師への反発の兆しが見え始めた初期の段階では，当該の子に対して温かい言葉を意図的にかけることが役立つ。温かいメッセージであっても，それを素直に受け止めようとしない子どもはいる。それでも継続しよう。長期的に見れば，イライラ感を和らげる「漢方薬的」な効果が現れてくる。

一人で抱え込まずに，早めに応援を求めよう

　学級担任制をとっている小学校では，ほとんどの時間を子どもたちと過ごす担任が一人ですべてを抱え込んでしまう傾向がある。そのため，周囲が気付いた時には学級の荒れがどうしようもない状態に陥っていた，ということになりやすい。それを防ぐには，ひとつの学級に対していろいろな教師が相互に関わっていけるような校内システムを整える必要がある。学級の現状についてこまめに情報報告し合える場を設けること。一部の教科について教科担任制を取り，同じ学年の教師がすべての学級に関わること。どんな形にせよ，複数の教師が関わることによって，担任が一人で抱え込まなくて済むようにしたい。

⑱ 個に合わせて「ポジティブ」にひいきする

「先生はひいきしてる」の声に教えられる

　「先生，ずるい。ひいきしてる」と言われたことはないだろうか。低学年の場合は，「ぼくも，わたしも」，「見て，見て」という気持ちが特に強く，それがかなえられない時に抱く教師への不満から。中・高学年では，学級内の人間関係を反映すること，批判的な目で教師を見るようになることなど，背景はさまざまだ。

　１年生の平仮名の学習。「書けたらノートを持って来て」と伝え，マルつけをしていた時のこと。Ａ子のノートと自分のノートを見比べていたＢ男が，大声を出した。「ぼくの花マルの方が小さい。先生はひいきしてる！」と言う。「同じだと思うけど」と言っても，「ぼくのが小さいもん」と頬をふくらませる。「じゃあ，元気な字が書けているから，花びら二枚おまけしよう！」と伝えると，「やったあ！」と，にこにこ顔になった。

　ノートに描くマルの微妙な大きさの違いなど意識していなかった私は，Ｂ男からとても大切なことを教わった。絶対にひいきしないということは，どんな場面でも不可能。時には，ひいきしないことがひいきになることさえある。「ひいきしている」ということをいつも意識して，指導しようと考えるようになった。

「ひいき」の声にどう対処するか

　やんちゃな男子児童が多いクラスでは，彼らの言動がクラスの秩序を乱しがちになる。当然の結果として，彼らへの注意や指導は厳しくならざるを得

ない。また，強力なグループ関係を背景にクラスを混乱させるような女子児童に対して，厳しい注意を与えざるを得ないこともある。それでも子どもたちは，自分たちの行動をさておき「先生はオレたちだけに厳しい」とか，「私たちの言い分より○○さんたちの話ばかり聞いている」などと不満の声を上げる。不満は次第に「先生はひいきしている」の声に集約され，「ひいきされている子」・「されていない子」にクラスは分断されていく。

　このような時は，「ひいき」の声を上げた子を意図的にひいきするのがひとつのやり方だ。「ひいき」の声を発する背景には，「自分のことをもっと認めてほしい」という気持ちがあるからだ。具体的には，「ひいき」を口にし始めた子への返却物に，他の子に書かないコメントをほんの少しだけ添える方法がある。ノートやテストなどに，ひと言「がんばったね」とか「この考えはすごい！」などと書くやり方だ。相手がどう反応しようと，プラスの言葉を伝えるように心がける。ふだん困った言動の多い子でも，何かしら良い面はあるものだ。それを認めて子どもに返していくことは，すぐに効果は見えにくいけれど，じんわり効いてくる手立てであると言える。

ひいき宣言

　新しいクラスを担任したら，最初に「クラスみんなのことをひいきします」と子どもたちに宣言してみてはどうだろう。特に，特別な支援や配慮が必要な子がクラスにいる場合に，この「ひいき宣言」は必須だ。

　「ひいきしないことは，ひいきになる」と話すと，子どもたちは驚き戸惑う。だが，メガネの必要性や給食を食べる量の違いなどについて話すことで，「個々の子どもに合う適切な指導や配慮」は「ポジティブなひいき」（浦野，2012）なのだということが理解されていく。その結果，特定の子を特別扱いしていても，「なんで○○さんだけ？」という不満が起きにくくなる。

　子どもだけでなく，保護者に対しても，最初の保護者会で「ひいき宣言」をしておくとよいだろう。

「質の悪い笑い」は，いじめの素
・・・

　テレビ番組に出演する芸人の中には，他者を馬鹿にすることで笑いを取っている人が相当いる。出演者の言動をあげつらったり，ちょっとした失敗を見つけては笑いの種にしたりしている。他者の価値を下げることで優位に立って笑いを得る「質の悪い笑い」だと思う。そういうものを毎日見ている子どもがどのように育つのか。考えるまでもないだろう。

　「質の悪い笑い」の根には，いじめと同じ性質のものが存在する。いじめも，馬鹿にしたり笑ったりすることで相手の価値を下げ，自分が優位に立とうとする現象だからだ。学級内で「質の悪い笑い」が起きた時は細心の注意を払う必要がある。

「良質な笑い」は，元気の素
・・・

　だれかを馬鹿にしたり，上げ足を取ったり，乱暴な言動で「うけ」をねらったりすることで生まれる笑い。そんな笑いが横行するような学級では，辛い思いをする子どもがたくさん生まれる。一方，いつも良質な笑いが起きる教室では，子どもたちはのびのびと育つ。2学期末のお楽しみ会を行う日の朝，こんなことがあった。

　早くお楽しみ会をやりたくて，だれもが興奮気味だったが，その中でもとりわけ元気者の4人の男子が落ち着かない。教室を立ち歩き，なかなか席に着かないのだ。一人が赤い服，ほかは茶系統の服装であることに気付き一計を案じた。

「ねえ，立ち歩いているみんな。ちょっとこっちへ来なさい」と厳しい表情で伝える。俯き加減で集まる４人。「何が起きるんだろう」「叱られるのかなあ」と不安気に見守る子どもたち。そこでがらりと雰囲気を変え，明るい声で私が説明を始める。「赤い服を着ているＡ君はサンタクロース。あとはトナカイだよ。いちばん前のトナカイの鼻には赤いシールを貼ってあげる。みんな，お楽しみ会が待てないあわてんぼう君たちだから，あわてんぼうのサンタクロースの歌に合わせて，教室を回ってもらおう」

　４人は大喜び。見ているみんなも大喜び。「♪あわてんぼうのサンタクロース♪」と歌が始まると，赤いシールを鼻に貼った子を先頭に，４人は教室をぐるぐると巡り始めた。２周ほどしたところで，「はい，ありがとう。じゃあ，あわてんぼう君たち，席に座ってね」

　同じ行為でも，嫌がるのを無理にさせて笑いを取ったのなら質の悪い最低レベルの笑いになる。しかしこの４人は，人がやらないようなことをするのが大好き。動き回るのも大好き。その特性を生かして，本来は座るよう注意するべきところを，楽しい雰囲気で動かしてから自然に座るように促した。座った４人に対して，大きな拍手が沸き起こった。お楽しみ会が盛り上がったのは，言うまでもない。

ユーモア感覚を磨く

　良質な笑いを起こすのに必要なこと。それは，教師自身のユーモア感覚だ。さてそのユーモア感覚。より具体的には，どのような頭の働かせ方をすればよいのだろう。

　何よりも大切なのが，頭の柔らかさと引き出しの多さ，そして子ども心だ。一つの現象を見て正面から，裏側から，内側からと，いろいろな見方ができる柔軟性と，それを具体化できる知識や技術。そして「子どもだったら嬉しいかな，楽しいかな」と，子どもの頃に帰ったような気持ちで想像力を働かせてみる。そんな努力の積み重ねによって，ユーモア感覚は磨かれていく。

⑳ 心の内側を表現しやすい機会をつくる

心の内を外に見せようとしない子

　表情の暗さが目立つ子。ちょっとしたことですぐにキレる子。気になって声をかけてみる。だが，いくら聞く姿勢を示しても，自分から悩みを打ち明けてはくれない。スクールカウンセラーへの相談を勧めても，「いいです」と首を横に振るばかり。皮肉なことに悩みが深いほどそれを他人には話しにくくなるから，対応したくても手の差し伸べようもない。そのような子を前にした時，どうアプローチしたらよいのだろう。

　子どもから話して来るのを待っているだけでは，その子の悩みは深刻化するばかりだ。取り返しのつかないことが起きてからでは遅いのだが，手の打ちようがなく，ただ時間が過ぎていく。

ハートマップで心の内を表現しやすく

　そこで私は「ハートマップ」という手立てを考え，子どもの心を理解するために役立ててきた。円を心に見立てて，今の自分の心の様子を地図のように描くという方法だ（58頁参照）。以下，手順を示す。

①まず，心の中にはどんな思いや感情があるか子どもたちに意見を求め，それを教師が板書する。
②次に，板書された心の中身を参考にして，子どもたちが円の中に自分の心の中身を自由にかく。地図のように書いてもよいし，円グラフのように描いてもよい。

③最後に描き上がったハートマップを見て，何が多く何が少ないかを確認したり，増やしたいものや減らしたいものを考えたりする。

　このような活動を取り入れることで，子ども自身，自分の内面を見つめるよい機会になるし，教師も子どもたちの内面を理解したり子どもの話を聴くきっかけにしたりすることができる。

　ある高学年のクラスで，友達にすぐに暴力をふるう子どもがいた。いくら指導しても「うるせえ」とか「はあ，意味わかんねえ」など言って指導を突っぱねる日々が続いた。ある時，ハートマップをクラス全員に描いてもらった。彼のハートマップには，人を攻撃するような言葉や家庭での辛い状態などがたくさん書き込まれ，円の外側にはとげとげした模様が描かれていた。

　翌日，ハートマップについてその男児と個別に話し合う機会をつくった。「君の心の周りには，なんでこんなにとげとげが付いているのかなあ」と尋ねると，彼は自分が置かれている家庭の厳しい状況を次第に語り始めた。「そうなんだ……」，「それは辛いよなあ」などと応える私に，彼は涙を流した。「君が辛いのはよくわかった。辛いことがあったら，また話してくれるとうれしい」ということを伝えた。それだけの対応だったが，彼の暴力的な言動は少しずつ減っていった。

ハートマップ活用の意義
●●●

　ハートマップは，子どもの内面理解に役立つ手立てであるというだけでなく，子どもによる自己理解（セルフモニタリング）とそれに基づく自己制御（セルフコントロール）を促したり，教師側からのはたらきかけを考え直したりすることにつながる。ハートマップを見れば，「いつもけんかばかりしている困った子」に見えていた子どものことが，「いろいろなストレスを抱えて苦しい状態に置かれている子」へと変化する。トラブルが起きても，表面上の困った行動をとがめる前に，そのような行動を起こすに至った経緯や背景を配慮した対応を進められる。

ハート・マップ（心の中をのぞいてみよう）

年	月	日		のぴの中

あなたの心の中は、いま、どのようになっているでしょうか？みんなで話し合った「心の中身」を参考にして、自分の心の中の様子を下の円の中に自由に表してみましょう。

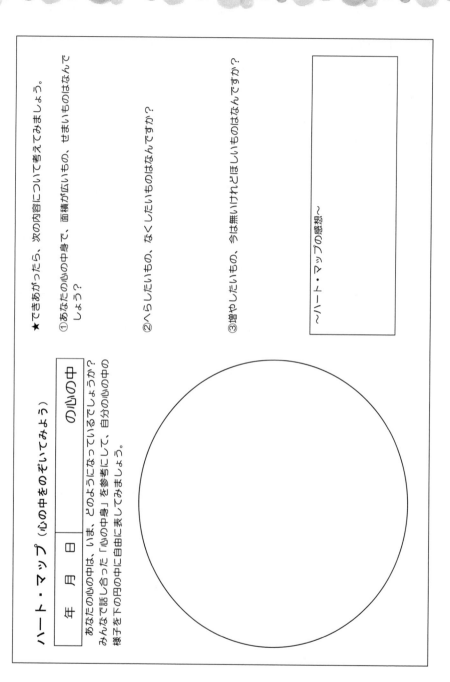

★できあがったら、次の内容について考えてみましょう。

①あなたの心の中身で、面積が広いもの、せまいものはなんでしょう？

②へらしたいもの、なくしたいものはなんですか？

③増やしたいもの、今は無いけれどほしいものはなんですか？

〜ハート・マップの感想〜

Chapter
2

子どもの心に寄り添う心理術
ケーススタディ40

ケース1　忘れ物が多い子

家庭の協力を得る＋ワーキングメモリの弱さを克服する

> **―事例―**
>
> 教科書，ノート，筆箱……等々。とにかく忘れ物が多い。家族に持ち物の確認を頼んでも，大事な持ち物を玄関に置き忘れてしまうこともある。

子どもの心を読み取る

　経験上，忘れものが多い子には，大きく分けて二つのタイプがあるように感じている。

　一つ目は，片付けや準備などの習慣が身に付いていなくて，持ち帰ったランドセルをそのまま翌日持って来るようなタイプ。注意しても「だって，めんどうくさいんだもん」と返してくる。家庭に協力を求めると，母親が気を付けて見てくれた日は大丈夫だが，そうでない日はまた忘れてしまう。

　二つ目は，毎日，必ずと言ってよいほど忘れ物をするけれど，忘れ物をしないようにしようという気持ちはあるタイプ。
「いつも先生に忘れ物のことで叱られているから，忘れ物しちゃいけないってことはわかっているんだけど，どうしても忘れ物をしちゃうんだ」
そんな声が返ってくる。

　どちらにも共通するのは，注意をしても叱っても，忘れ物をしなくなることにはつながらないということだ。

関連する視点

■ 行動の原因を見抜き，意味のあるアプローチをする……………… **p.44**
■ 認知機能を高める……………………………………………………… **p.48**

子どもの心に寄り添う心理術

> 忘れ物をしたことを叱るだけでは改善しない。忘れ物をしないようにするための具体的な方法を伝えて家庭の協力を得たり，ワーキングメモリの弱さを克服できるようにしたりして，根気強く関わっていこう。

習慣を身に付けるためのアドバイス・対策会議

　忘れ物を繰り返す子どもに，親や教師は毎日のように叱る。しかし，いくら叱られても忘れ物は繰り返されてしまう。学校では「また忘れたのか！」と，担任に大声で叱られる。家に帰れば「また忘れ物したの！」と，今度は母親が声を荒げる。それでも一向に忘れ物は減らない。叱っても意味がないということだ。教師や親が子ども本人と話し合って，忘れ物を減らすための具体性のある対応策を考えよう。

　片付けや準備の習慣が身に付いていないのだから，その習慣を身に付けられるようにする。連絡帳に持ち物を書いたら担任に必ず見せる。学習机に持ち物チェック表，玄関に確認のマグネットなどを用意する。寝る前に家族が声をかけ，持ち物を確認させる。忘れ物が減ったらご褒美のような「よいこと」，「よいもの」が待っている……など家庭の協力も得て進めたい。

ワーキングメモリを鍛える

　言われたこと，やらなければならないことをすぐに忘れてしまって忘れ物が多くなる子どもの場合，ワーキングメモリの弱さがあることが予想される。成果が出るまで時間がかかるかもしれないが，ワーキングメモリを鍛えるためにコグニティブ・トレーニングを課してみてはどうだろうか。忘れ物の問題だけでなく，学習面での苦手を克服することにもつながっていく。

ケース2　落ち着きがなく，すぐ立ち歩いたりおしゃべりしたりする子

立ち歩いて意見交流をする時間（オープンタイム）を設定する

事例

じっと座っているのが苦手で，授業中に立ち歩いたり後ろを向いておしゃべりしたりする子。いくら注意しても変化が見られない。

子どもの心を読み取る

　動きたい盛りの子どもたち。男の子の中には，静かに座っているのが苦手な子が多い。動き回っている子どもたちにしてみれば，「授業中，ずっと静かに座るなんて，絶対ムリ。先生も，一日中座ってみてよ！」と言いたくなるところだろう。特にADHDのように多動傾向の顕著な障害のある子の場合には，席に座って授業に集中することはかなりの難行・苦行となる。

　「立ち歩いてはいけません」，「おしゃべり，止めなさい！」と注意されても，静かに着席していることが辛くなくなるわけではない。いくら叱られても，立ち歩いたりおしゃべりをしたりしてしまう。そんなことが毎時間繰り返されていくと，子どもたちは「先生がどんどん怖くなる」と感じるようになる。それだけではない。教師の注意を無視するようになってしまう。一人が無視すると，それをまねて勝手に動き回る子どもたちが次々に現れる。低学年で学級崩壊のような状態になる多くのケースが，このようにして常態化していく。

関連する視点

■ 行動の原因を見抜き，意味のあるアプローチをする……………………p.44
■ 感情のセルフコントロール力を育む………………………………………p.46

子どもの心に寄り添う心理術

> 教師からすれば，子どもが座って学習に取り組むのは当たり前のこと。でも一部の子どもにとっては，とても辛いことなのだ。そのことが理解できれば，意図的に子どもを動かすという対応策が見えてくる。

何がいけないか，その理由を考えさせる

　授業中，落ち着きなく動き回る子。すぐに思ったことを大声で口にしてしまう子。いくら「座りなさい」，「おしゃべりを止めなさい」と叱ったところで，その効果はほんのひと時しか続かない。このような場合は，意図的にその子を指名して発言を促したり，うがいや顔を洗う等の行動で気分転換させたりすると，その後の着席行動が持続しやすくなる。

　授業後に行う指導で効果的なのが，「何がいけなかったのか，その理由を３つ考えてごらん」という問いかけだ。答えるためには，周囲の状況と自分の行動についての振り返りが必要になる。全体指導でも，一度このような対応をすると，授業中に指を示すだけでも気が付いてくれることがある。

動き回れる学習場面を意図的につくる

　特定の子に注意ばかりしていると，教室が嫌な雰囲気に包まれる。だからと言って，放っておけば収拾がつかなくなる。そこで，自由に歩き回って，学習課題に関して友達と意見交換したり友達のノートに書いてある考え方を見て回ったりできる時間を〝オープンタイム〟と名付け，授業中に動き回れる時間を設定してみた。動と静……動いたり話したり考えたりするなどさまざまな活動が取り入れられると，落ち着きのなかった子どもたちも，学習に集中するようになった。じっと座っていることの苦手な子が多い落ち着きのない学級に，お勧めの手立てと言える。

ケース3　退屈すると教室から脱け出してしまう子

「教室にいると楽しい」という気持ちに結びつく対応を続ける

> **事例**
>
> 　苦手な教科の授業は面白くないし，じっと座っているのは苦手だから，教室から脱け出して好きな場所へ行ってしまう。

子どもの心を読み取る

担任「どうしてすぐ教室から出て行っちゃうの？」

Ａ男「だって，教室にいてもつまらないんだもん」

担任「つまらなくても，勝手に教室を出ていっちゃダメでしょ」

Ａ男「つまらないのに，教室にいても意味ないよ。なんでダメなの？」

担任「教室は勉強する場所。みんながまんして勉強しているの。Ａ男さん　　　　だけ勝手は許されません」

　何が何でも教室から出て行かせたくない教師と，教室にいる意味が感じられない子どもとのやり取り。どちらの側に分があるのだろうか。「教室は勉強する場所」ではあるけれど，子ども本人にとってその勉強をする意味が感じられなければ，教室よりもっと楽しい場所へ行きたくなるのは仕方ないのかもしれない。長時間，椅子に座る習慣が身に付いていない子どもならば，なおさらだ。「がまんばかり強いられる教室」よりも，好きな本が読める図書室や，いろいろな虫と出会える花壇などへ行きたくもなる。

関連する視点

子どもの心に寄り添う心理術

> A男が教室を脱け出すのは，教室よりも他の場所で過ごす方が楽しいからだ。でもそれはすべての授業時間ではない。教室にいる方が楽しい時間もあるはず。その違いに着目して，授業を工夫してみよう。

教室を脱け出す時の状況と，脱け出すことによってもたらされる結果を掴む

　教室を脱け出すのはどのような時なのか。冷静に観察すれば，いくつかの特徴がはっきりしてくる。たとえば，「算数や国語の授業では脱け出すことが多いのに，図工や生活科では教室で授業に参加している」，「午前中よりも午後の方が脱け出しやすい」など，何らかの傾向が見出せるだろう。なぜその時間は脱け出すのか，脱け出すことでA男にはどのようなプラスの結果がもたらされるのか。そのようなことがわかれば，対応の仕方も考えやすくなる。脱け出しがちな授業でも，A男が興味・関心をもったり活躍できたりするような工夫をして，授業に参加できる時間を増やしたい。少しずつでよいから，「教室にいると楽しい」「授業で活躍できる」といったプラスの結果に結び付く対応を続けることで，教室で過ごす時間は増えていく。

段階的な変化を目指し，クラスの子どもたちの理解も得よう

　最初からすべての時間，着席してきちんと授業を受けられるようにしようとしても，それはA男にとってとても難しいこと。まずは教室にいられるだけでもよしとし，A男なりの授業への参加を促したい。着席しなければならない時間を減らすよう，授業を工夫することも必要だろう。他の子どもたちの中にA男の望ましい行動を励ますような言動が見られたら，その言動をほめ，A男を支えられる学級集団に育てていくことも大切だ。

ケース4　話が聞けない子，うまく聞き取れない子

キーワードは板書し，視覚的に認識できるようにする

事例

聴覚に障害はないが，教師の話を聞き逃したり聞き違えたりすることが多く，質問にきちんと答えられなかったり課題を間違えたりしてしまう。

子どもの心を読み取る

　話をうまく聞けない子の場合，言語性の短期記憶や言語性ワーキングメモリが弱い場合や，注意の集中に課題があり相手の話を最後まで聞き取るのが苦手な場合などがある。「最後までちゃんと聞きなさい」と教師にいくら言われても，教師の言葉がすぐに頭を通り抜けていってしまうような場合に子どもは，次のように感じているかもしれない。

　「ちゃんと聞こうとしているのに，一度に2つも3つも言われると，何が何だかわからなくなっちゃうんだ。それなのに先生は『真剣に話を聞こうとしないから話を聞き落とすんです』なんて言って怒るんだ。そんなふうに怒られると，話を聞く気もなくなっちゃう」

　程度の差はあれ，聴覚性のワーキングメモリが弱い子どもは，教室に何人もいる。また，注意を集中させることが苦手なタイプの子もいる。教師の話を最後まで聞かないのに自分なりに理解したつもりになり，結局は正しく聞き取れない。

関連する視点

- 子どもの学び方の多様性に応じる……………………………………**p.22**
- 認知機能を高める……………………………………………………**p.48**

子どもの心に寄り添う心理術

音声言語はその場でどんどん消えていく。教師の言葉を記憶に留めておくのが苦手な子，最後まで集中して話を聞くことができない子などでも聞き取りやすい話し方や，視覚的に確認しやすいような工夫をしよう。

キーワードやヒントとなる情報を示すようにする

聞く気はあっても，発せられた教師の言葉（音声言語）はその場で消えていく。その点をカバーするのが，キーワードを板書することだ。テレビ番組では，テロップや吹き出しなどが当然のことのように用いられている。音声情報を頭に留めておくのが苦手な子どもにとって，話の内容の手がかりとなるキーワードが黒板の隅に記されていればどれだけ助かることだろう。学習している教科書のページや学習内容の中のキーワードやヒントなど記されていれば，今，何をやっているか掴みやすい。たまたま聞き逃してしまった子にも役立つ支援なので，教師としては身に付けておきたい習慣だ。

聞く必要性のある話の内容，最後まで聞きたくなる話し方を心がける

教師の話は長くなりがちだ。「○○して，□□したら，△△してください。その次に」などと言われて，指示通りにできる子は限られている。重要な指示はなるべく一文で一つの内容にし，子どもたちが聞き取れたかどうか確認しながら先に進むよう心がけたい。

もうひとつ大切なことがある。子どもたちが聞きたくなるような話し方や内容にしよう。話し方を工夫すれば，早く先を聞きたくなるような話にすることが可能だ。また，「次に私は何を話そうとしているでしょうか？」と話の先を想像させることも，話の聞き方を主体的なものにするのに役立つ。

ケース5　周囲の刺激に敏感で注意が集中できない子

位置の工夫や道具の使用で刺激を軽減・制限する

---事例---

音やにおい，視覚的な刺激がインプットされると，過敏に反応してしまう。授業に集中できない子として，叱責ばかり受けてしまいがちだ。

子どもの心を読み取る

　近くの席の友達の小声のやり取り，隣の教室から聞こえる音楽，給食室から漂って来る調理のにおいや窓の外を飛ぶトンボ等々，日常ごく当たり前にある刺激。しかし刺激に過敏な子にとっては，何らかの反応を起こすのに十分な刺激だ。

　別に授業を妨害する気なんてないけれど，周囲の変化に気付くとつい「先生，トンボ，トンボ！」「あっ，雨が降ってきた」などと大きな声を出してしまう。「みんな，なんで見ないの。ほらトンボだよ！」と叫んで，窓に貼り付いたり，「さっきまで晴れていたのに，雨が降ってきちゃった。ねえみんな，帰りどうする？」と言いながら立ち上がって周囲を見回したりする。刺激そのものが魅力的だったり嫌悪的だったりした時に起きる言動だが，「授業に付いて行けない」とか「授業に興味がない」といった条件が重なると抑えが効かなくなる。本人にしてみれば「純粋に刺激に反応してしまっている」のに，いつも教師に叱られたり友達に笑われたりする。

関連する視点

■子どもの特性に応じた，オーダーメイドな対策を用意する……………**p.20**

■感情のセルフコントロール力を育む……………………………………**p.46**

子どもの心に寄り添う心理術

> 入って来る刺激を制限するために，窓から離れた場所や，他の子が目に入りにくい最前列の席にする。外の音や他の子どもたちの声等に注意が向きやすい子には，イヤーマフの使用によって音声刺激を軽減する。

視覚的な刺激に過敏に反応する子

「集中しなさい」といくら口頭で注意しても，好転しない場合が多い。まず第一に行うべきことは，環境調整と対応の見直しだ。授業とは関係のない視覚刺激を減らすためには，座席の工夫をしてみる。他の児童の姿が見えにくい前方にしたり，窓から離れた場所にしたりするのが一般的だ。また，子どもの興味・関心を惹くようなものはできるだけ教室の後ろに置いたり，黒板の周囲の掲示物を最小限にしたりして授業に集中しやすくする。

一方で，授業への興味・関心を高めるために，意図的に「なんだろう？」と興味をもちそうなものを示すことも大切だ。刺激への敏感さを生かすような授業の工夫も必要だろう。

友達の声や隣の教室からの音など，さまざまな音声刺激に反応しやすい子

音の刺激に敏感な子には，イヤーマフや耳栓等の使用が効果的だ。余計な音声刺激を減らし，学習への集中を高めることができる。周囲の声にすぐに応じて声を発してしまいがちな子には，イヤーマフを使うとおしゃべりが減るという効果もある。ある程度の声が聞き取れるものを選び，集中したい時にはだれでも使ってよいものだと伝える。最初は興味半分で使いたがる子もいるが，時間の経過とともに本当に必要とする子どもに限られていく。「授業に集中しやすくするために役立つ」ということについて保護者の理解が得られれば，個人持ちのものを用意してもらうとよいだろう。

ケース6 苦手意識が強い子，自信がもてない子

安心して取り組めるスモールステップと，身近に感じられる目標としてのコーピングモデルを活用する

---事例---

苦手だという思い込みから，いろいろなことに自信がもてない。失敗や間違いを恐れてやらないからできない，という悪循環に陥っている。

子どもの心を読み取る

　苦手意識や自信のなさの背景には，兄弟関係や周囲の友達との間で比較された過去の辛い体験が尾を引いている場合がある。家ではいつも，きょうだいと比較されて辛い思いをしている。「お姉ちゃんはできたのに，どうしてあなたはできないの？」と言われ続けていれば，心に苦手意識がこびり付いてしまうのも当然だ。「先生は『失敗してもいいんだよ』とか『教室は間違うところだ』なんて言うけれど，実際に間違えたり失敗したりしたら恥ずかしい」，「いくら先生がそんなふうに言っても，友達は間違いを笑ったりばかにしたりするに決まっているよ」。そんな心の叫びも聞こえてきそうだ。

　「失敗してまた笑われるくらいなら，やらない方が安心」，「どうせうまく出来るわけないんだから，やらない方がマシ」などと考えるようになるのは自然な成り行きだ。苦手意識や自信のなさが強いと，実行するのを回避することで一時的に辛い場面から逃れようとする。しかしその経験が，次の機会の回避行動を強めてしまう結果をもたらすことになる。

関連する視点

- ■受容的な態度で，多面的に子どもを理解する……………………………… **p.16**
- ■身近なモデルを示したり，不安感を和らげたりして行動を支える…… **p.26**

子どもの心に寄り添う心理術

> あれもこれもと欲張らずにポイントを定めて，自信をもてることをまず一つ克服できるようにしよう。安心して取り組めるようなスモールステップと，目標として抵抗感の少ないコーピングモデルを活用しよう。

自己調整できるスモールステップ

ハードル走を例に考えてみよう。「ハードル走が苦手だ」，「跳ぶのが怖い」という子どもは少なくない。苦手意識が強い子どもは，安全に跳べる速さでしか走らず，あまり上達しないまま終わる。その結果，苦手意識は変わらないままもち続けることになる。もし，絶対に跳べるほどの高さかつ，当たっても痛くない素材のハードルならば，苦手意識も何も感じることなく，安心して跳べることだろう。高さや素材を自分で調整できるとしたらどうか。完全に個別対応することは難しくても，自己調整可能で安心して練習できるようなコースをつくれば，技能は次第にレベルアップする。

ハードルを他の学習課題に置き換えて考えれば，いろいろな授業で，苦手意識，自信のなさへの対応が可能になるのではないだろうか。

手の届きそうな目標やコーピングモデルの提示

授業中，お手本として素晴らしい出来栄えの作品やパフォーマンスを見せるのが一般的だ。しかし，あまりにも高度な目標が示されると，苦手意識や自信のなさの強い子には，時にプレッシャーとなってしまう。苦手な子には，手が届きそうな目標や同じように苦手な子が挑戦している様子を示そう。コーピングモデル（できるようになろうとしているモデル）を示すことで「これくらいならできそうだ」と安心して取り組めるようになる。

ケース7　パニックを起こしたりキレたりしやすい子

パニックが起きる前と最中の具体的な対応を決めておく

---事例---

何か気に入らないことがあるとパニックを起こしたりキレたりして，長時間にわたり暴れる。他の教員の手を借りないと対応しきれない。

子どもの心を読み取る

　パニックを起こすのもキレてしまうのも，理由はさまざまだ。共通するのは，次のようなことが重なると起こりやすさが高まるということだろう。

①家庭内での親子やきょうだいとの関係の中で，不快な体験があった時
②自分の思いと現実とが大きく食い違ってしまった時
③教師からの強い叱責を受けたり友達からバカにされたりした時

　A男は，夜遅くまでゲームをやっていて寝坊し，父親から激しく怒鳴られて登校した（①）。登校後，楽しみにしていた体育の授業が急に変更になってしまった（②）。しかも体育の替わりは苦手な算数だったから，全くやる気が出ず，ノートも開かずにいたら，教師に強い口調で叱られた（③）。それが引き金となり，「いいじゃん，オレの勝手だよ！」と反抗的な態度を露わにして教師につっかかる。隣の子どもが「おい，やめなよ」と囁いたことがさらに火に油を注ぐ結果となり，手が付けられなくなってしまった。

関連する視点

- ■感情のセルフコントロール力を育む……………………………………………**p.46**
- ■ユーモア感覚を磨く………………………………………………………………**p.54**

子どもの心に寄り添う心理術

> パニックやキレた状態は，本人にも対処しきれない怒りを引き起こす。怒りを軽くいなしたり，雰囲気を変えたりするような対応が必要だ。本人との了解を事前に取った上で，別室でのクールダウンも考えたい。

クールダウンできる場所を決めておく

パニックやキレた状態になる子がいる時には，他の教師の協力を得て，まずその場から離れさせることが必要だ。できれば，その一歩手前でクールダウンできるように，本人と話し合っておくとよい。本人がそれをできるようになることに意味がある。イライラ状態が高まって自分で危ないと感じたら教師に合図し，教室を出て深呼吸する。それでも収まらない時は，落ち着くまで保健室で過ごす。このような具体的な対処手順を決めておくと，パニックに対して冷静に対処できる。

ユーモアや意外性でいなす対応

授業態度を注意され，Ａ男はイライラし始め，ガタガタと机をゆする。再び注意されると，Ａ男のイライラはヒートアップし「コンチクショウ」とうなる。そんな場面でできる対応が，ユーモアや意外性でいなすことだ。

「おおＡ君，今『コンチクショウ』って言ったね」ゆっくり「コンチクショウ」と板書してから子どもたちの方を向き，「ねえ，みんな。『コンチクショウ』ってなあに？」と冷静にいなすのだ。これは瞬間冷却スプレーのような働きをして，Ａ男の言動を一時的に止める。その後，「『コンチクショウ』の語源ってなんだろうね」と話を展開する。意見を集約し「そうか，コンチクショウって『この獣やろう』っていう意味か。それにしてもすごい言葉だねえ，Ａ君」とまとめる。学級のみんなが安心できる対応を心がけたい。

ケース8 「ひいき，ひいき」と騒ぐ子

「みんなをひいきします」宣言でポジディブなひいきをする

> ─事例─
>
> 「オレには注意するのに，なんで〇男は注意しないんだよ。先生，ひいきするなよ」の声。いつしか教室中に響く「ひいき！」の大コールへ。

子どもの心を読み取る

やんちゃな男子児童が多いクラスでは，彼らの言動がクラスの秩序を乱しがちになる。当然の結果として，彼らへの指導は厳しくならざるを得ない。ところが彼らは，自分たちの行動はさておき「なんでオレたちだけ怒るんだよ」，「先生はオレたちだけに厳しい」というような声を上げる。

一方，指導に手を焼いている女子グループに対し，教師は無意識のうちに冷たい視線を送ったり厳しい言葉を投げかけてしまったりすることもある。

このような教師の対応に対して不満が溜まると，「先生はひいきしている」，「女子の気持ちをわかってくれない」などという不満の声が上がり出す。いくら「ひいきなんかしていない」と言葉で訴えても，彼らは聞く耳などもたない。それどころか，学級全体を巻き込んだ「ひいきコール」に移行してしまいかねない。こうなると，教師の指導は子どもたちに届かず，一気に学級崩壊にまで至るようなことも起きてしまう。

他者へのひいきに敏感な子は，実はひいきしてもらいたい子でもある。それを忘れずに対処すれば，大きな失敗を防ぐことができる。

関連する視点

■個に合わせて「ポジティブ」にひいきする……………………………………p.52

子どもの心に寄り添う心理術

　「ひいきコール」が起こる前に，「一人一人性格も得意・不得意も違うから，みんなに同じことを要求しない。みんなをひいきする」と宣言しよう。また，トラブルのもとになりそうな子は，意識してひいきしよう。

「みんなをひいきします」宣言

　「ひいきコール」は，いつの間にか多くの子どもたちに広がる。ひどい場合は，特定の子をひいきしていると言い出し，その子をいじめの対象にしてしまうことさえある。予防に役立つのが「みんなをひいきします」宣言だ。「ひいきしている」と声を上げる子どもほど，心の奥底では「自分のことをもっと見てほしい」，「もっと声をかけてほしい」と必死で訴えている。

　そこで「ひいきする」ということの意味を，子どもたちにわかりやすいように示す。たとえば，「50m走を7秒台で走る子が力を抜いて8秒台で走ったら注意するけれど，いつもは9秒台で走っていた子が8秒台で走ったらほめるよ。これって，ひいきじゃないよね」，「給食を全員同じ量だけ食べなさい。お代わりも無し。これってひいき無しだよね」。このように話せば「ひいきは，一人一人を大切にすることだ」と気付いてもらえる。

ポジティブなひいき

　「みんなをひいきします」宣言をしたならば，とにかく一人一人の子どもへの「ひいき」を実行しよう。テストの得点の横に小さな字で「今回のテストがんばったね。これからもこの調子で！」のひとことを書く。休み時間に「さっきの発言，すばらしかったよ」と声をかける。一人一人を伸ばすためのひいきは「ポジティブなひいき」。どんどん増やしていこう。「ポジティブ」なひいきは，子どもを変え，教師との関係も変える力をもっている。

生活態度

ケース9　給食の好き嫌いが激しい子

無理して食べさせず，自己調整する力を養う

事例

魚や野菜などの好き嫌いが激しく，献立によっては手も付けようとしない。
食べるのに時間がかかり，休み時間に食い込んでしまう。

子どもの心を読み取る

給食指導や保健の授業で，いくら丁寧に「好き嫌いなく，いろいろなものを食べよう」と話しても，実際にはこんなやり取りが……。

担任　「いつも給食を残すけれど，どうしてかな？」

Ｂ男　「給食は苦手だよ。だって嫌いな食べ物がいっぱい出るんだもん」

担任　「でも成長するには，好き嫌いなくいろいろなものを食べないと」

Ｂ男　「家でいろいろ食べているから平気だよ」

担任　「だって，午後の授業でおなかがすいちゃうでしょ？」

Ｂ男　「家に帰ればおやつがあるから，だいじょうぶで～す」

担任　「でもさあ，家の人だって心配するんじゃないかな」

Ｂ男　「お母さんも好き嫌いが多くて，トマトなんか絶対に食べないよ」

家族にも好き嫌いがあるとなると，学校でどこまで指導したらよいか迷ってしまう。味や臭いに敏感な子どもに対して無理に食べさせようとするのは，行き過ぎた指導にもなりかねない。

関連する視点

■子どもの特性に応じた，オーダーメイドな対策を用意する……………**p.20**
■感情のセルフコントロール力を育む…………………………………**p.46**

子どもの心に寄り添う心理術

> 食物アレルギーに加え，味や臭いに敏感な子どもたちもいる。無理して食べさせるのではなく，自分から食べようとする気持ちを引き出し，食べられる分量を自己調整できるように育てていきたい。

食わず嫌いを減らす

　食物アレルギーでなくとも，味や臭いへの敏感さから，口に入れた途端吐き出しそうになる子は存在する。そんな子どもに無理に食べさせる訳にもいかず放っておくしかないケースもあるが，食べられるものの種類を広げるための最小限のアプローチはしたい。特に味や臭いに敏感な子は，過剰に警戒して見た目だけで判断し，食わず嫌いになっている場合がある。また，かつては食べられなかったけれど，今なら大丈夫という食品もある。いろいろな食べ物にいろいろな形でチャレンジできるよう，段階的な指導が望まれる。

食べられる分量を自己調整できるようにする

　学校，学級によって，給食のシステムはさまざまだろう。その中で可能な限り，食べる分量を自分で調整できるようにするのが基本的な対応となる。無理に食べさせることよりもはるかに意味のあることだ。具体的には，配膳の際に「大盛り」，「普通」，「少な目」から選べるようにする。低学年の子どもの場合には，自分で食べられそうな量を自分で判断するのは難しい。子どもの苦手なおかずを大・小二つに分け，その子とジャンケンをし，子どもが勝った場合は好きな方を選べるようにすることもある。子どもが勝った時に大げさに「悔しい……」と言うと，勝った喜びで食べやすくなるようだ。最初はほんの少しでも許容しよう。少しずつ量を増やしていけばよい。無理させて，余計苦手にはしたくはない。

ケース10　掃除当番や係の仕事をサボる子

きちんと仕事をしている子をほめて，クラスにやる気の渦を起こす

---事例---

掃除の時間になると，いつも目立たない場所でだれかとしゃべっていて，仕事を人に任せっきり。係活動もほとんど取り組まない。

子どもの心を読み取る

そもそも掃除をすることが好きではないから，友達や担任に注意されるまでやろうとしない。係活動も，面倒くさいと感じている。人に注意されてもやるのは一時的で，すぐにだれかとおしゃべりを始めたり窓の外を眺めたりしている。

箒を持ってなんとなくふらふらしていても，仕事をサボっているという自覚が本人にはなく，注意する側に「ちゃんとやっているのにうるさい！」などと，逆ギレ気味に怒りをぶつけることがあるからやっかいだ。同じグループの子たちは，何度注意されても掃除や係活動に取り組まない子に対して，どんどん不満を高めていく。

その不満は，ちゃんと指導できない教師への不満という形に矛先を変えることがある。また，やらないで済むのなら自分もやりたくないと感じる子どもも現れ，学級全体が仕事に対してやる気のない雰囲気になっていくと，対応はどんどん難しくなる。

関連する視点

■行動の原因を見抜き，意味のあるアプローチをする………………………**p.44**

子どもの心に寄り添う心理術

> 掃除や係活動に魅力が感じられるように工夫しよう。掃除を早くきれいに終えられれば楽しい活動の時間が増える，係活動は自分の得意な面を生かせる等の工夫で，子どもたちの主体的な活動を生み出そう。

掃除当番を一生懸命すると，よい結果が待っている

　何より大切なのは，きちんと仕事をしている子をほめることだ。「掃除をちゃんとするのは当たり前の行動だ」と考えて努力を見過ごすのではなく，一生懸命やっている姿を目にしたらすかさずほめるようにする。「すみっこのゴミを集めてるねえ。ありがとう！」とか，「床の雑巾がけ，力が入っていてピカピカになるよ。すばらしい！」などと，積極的に声をかけるのだ。普通にがんばることがどんどん報われていくようにすると，みんながやる気の渦に巻き込まれていく。同時に，やっていない子どもの行動はなんとなく浮いてくる。その居心地の悪さから掃除に取り組み出すこともあるし，ちゃんとやることの気持ちよさに気付けば自分で自分の行動を変えるきっかけにもなる。

係活動は義務的な内容よりも，やりたいことがやれる内容に

　当番活動ならば，時にはやりたくない仕事もやらなければならないこともあるが，係活動は別だ。「自発的，自治的な活動」として捉え，子どもたちが主体的に取り組める内容にしよう。そのためには，自分の興味・関心や得意なことを生かすことのできる係活動を子どもたちから募集したり，教師側からアイディアを提供したりしてみるとよい。だれもが「やりたい」と思える活動内容にし，その結果みんなから喜ばれる。そんな係活動になれば，自然にサボる子は減っていく。

ケース11　苦手な活動があると登校を渋りがちになる子

ユーモアを交えたエピソードで，「苦手があっても大丈夫」の安心感をもたせる

> ─事例─
>
> 学習や運動などの中で特定の活動に苦手意識があり，その活動がある日には登校渋りを起こし，遅刻したり休んだりする。

子どもの心を読み取る

国語が苦手なＡ男の場合

体を動かしたり何かをつくったりする授業は好きだが，座って静かに教師の話を聞いたり考えたりするような授業は苦手だ。特に苦手なのは，国語の文章読解。場面の様子や登場人物の気持ちなどを読み取ったり想像したりする授業には全く身が入らない。教師が説明したり友達が意見を言ったりしていても，何を言っているのかが，すぐわからなくなってしまう。

体育が苦手なＢ子の場合

運動が苦手なＢ子は，体育がある日は決まって休みたくなる。苦手な運動をしているのを友達に見られるのは，恥ずかしい。ボールゲームなどでミスをして，厳しい言葉を投げかけられるのはとても辛い。ミスしないように，ボールに近づかないようにするが，今度は教師が「ボールに向かえ！」などと大声で叱咤してしまう。運動会は特に苦手で，本番が近付くと朝からため息をつく日が続く。

────── 関連する視点 ──────

- 子どもの学び方の多様性に応じる……………………………………**p.22**
- 認知機能を高める…………………………………………………**p.48**

子どもの心に寄り添う心理術

> 苦手なことに自信をもてるようにするのは簡単なことではないが，ピンポイントなら可能性はある。うまくなるコツを伝えて上達ぶりをほめたり，教師自身の苦手を克服したエピソードを伝えたりしてみよう。

ピンポイントで苦手を克服できるようにしよう

苦手がある子はどこにでもいる。だからといって，だれもが実際に登校できなかったり遅刻したりしてしまうわけではない。苦手意識が膨らんでしまった結果，登校を渋ることになる。そんな場合は，膨らんだ苦手意識を少しでも減らすために，得意だと感じさせる工夫をしてみよう。ピンポイントで構わない。たとえば「A君はギャグが得意だから，ギャグいっぱいの作文を書いてみたらどうかな」というアドバイスをするだけで，作文に意欲的に取り組むようになるかもしれない。書いた作文を「A君，さすがだね。面白いよ，これ」と評価すれば，A男の国語に関する意識は変わる。

「苦手はあっても大丈夫」という安心感を

少しユーモアを交えて語るエピソードは，苦手意識を減らすための安心感の醸成に役に立つ。私は，体育が苦手な子がいると，苦手でも大丈夫だという安心感をもたせるために次のような話をする。「私は走るのが苦手で，運動会の徒競走ではいつもビリだったけど，歳を取った今，同級生と走れば3位以内には入れるよ，たぶん……」（＊「たぶん」が大切！）

学びのユニバーサルデザインを生かした授業では，多様性が大切にされ，得意な力を発揮して学習活動に取り組める。自分の得意な力を発揮できる授業なら安心して取り組むことができるし，何より学校が楽しくなるだろう。

ケース12　頻繁に腹痛や頭痛を訴える子

辛さの原因に応じた対処法を伝え，改善を目指す

---事例---

すぐに頭痛を訴えて保健室へ行く子。授業中，お腹が痛いと言ってトイレへ駆け込む子。背景にある原因に気付いてもらえず苦しい日が続く。

子どもの心を読み取る

A男の腹痛

中学受験に向けて，模試が続く。志望校の合格ラインにはなかなか届かないA男は，「今日はいい点を取らなくては」と悲壮な決意で模試会場に行く。会場に着くと腹痛が起き，テストどころではなくなる。そんなことが繰り返された結果，受験が近付く頃になると，模試の日は朝から腹痛が始まる。それだけではない。学校でも頻繁に腹痛を繰り返し，授業中にトイレに行かざるを得ないこともある。受験会場で試験が受けられるか不安はふくらむばかりだ。

B子の頭痛

毎晩，遅くまで家庭学習をやらされているB子。母親は勉強に関してとても厳しく，その日の分が終わるまでは寝かせてもらえない。そのため，朝からなんとなくだるい日が続く。それでも学校へ行きたいという気持ちは強く，なんとか登校する。遅刻ギリギリで学校に着くことが多く，登校すると頭痛を訴える。

関連する視点

- 身近なモデルを示したり，不安感を和らげたりして行動を支える……**p.26**
- 「困った事態」を「発達課題」として家庭と連携する…………………**p.42**

子どもの心に寄り添う心理術

　親子・友人関係など，頭痛や腹痛の原因はさまざま。その辛さをうまく外に出せない子どもにとっての頭痛や腹痛は，辛い気持ちを訴えるための心の叫びだ。身体症状を見逃さずに具体策をもって向き合いたい。

＜Ａ男のケース＞　不安や心配をつかみ，対処法を伝える

　授業中のＡ男の腹痛が気になり出した頃，母親から相談を受けた。12月下旬のことだ。受験の日はもう目の前に迫っているので，すぐに効果がありそうなことだけを，Ａ男に伝えることにした。伝えたのは私自身が役立ててきた２つの対処法だ。いつでも気軽にでき，周囲からは気付かれにくいやり方として，深呼吸と手のツボ押しを教えた。深呼吸は予防的な効果，手のツボ押しは緊急時に効果がある。予防と緊急時の対処法を知ったＡ男は次の模試でそれを試し効果を実感，本番の志望校受験も実力を発揮できた。

＜Ｂ子のケース＞　保護者の気持ちを理解しつつ，対応を変えるよう伝える

　頭痛は，子どもが抱えきれずにいる負担や辛さを教えてくれる警報だ。母親と話すと，Ｂ子の家庭学習は時間的にも内容的にも多過ぎるということがわかった。熱心さから来る母親の厳しい対応だ。一方的に責めるようなことは避けたい。母親の一生懸命さを称えた上で，Ｂ子のために大切なことを理解してもらえるようにした。この日の面談で私から伝えたのは，①いやいや取り組む勉強をいくら長い時間やっても身に付きにくいこと。②家庭学習を整理して本当に必要なものだけに分量を絞ること。③「親が教える」というのはとても難しいことだからほどほどに。の３点だった。その後，母親の態度が少し変わったことで，Ｂ子の頭痛は次第に治まっていった。

ケース13　お母さんから離れられない子

ハンドパペットやマスコットで小学校生活にわくわく感・安心感をもたせる

事例

母親となかなか離れられず教室に入れない，もしくは母親が教室内や廊下など，近くにいないと不安で仕方がない。

子どもの心を読み取る

　幼稚園に通っていた頃から，お母さんから離れられなくて先生や母親を困らせる傾向は見られた。それでも幼稚園は，学校と違って遊びの時間や自由な場面が多く精神的には余裕があった。小学校に入学すると，なんだか様子が違う。席に着いてきちんとしていなければならない時間が多い。急に先生に当てられて，みんなの前で意見を言わなければならないこともあって，ずっと緊張していなければならない。また，やんちゃな男の子が先生に叱られているのを見ると怖くなったりもする。だから，学校にいる時はお母さんにそばにいてほしいと思う。いや，それよりも家でお母さんと過ごしていたいというのが本音だ。

　母親もまた，緊張に固まって不安気な子の姿を見るのが心配で，我が子と離れ難くなっている。母と子が抱える不安感は，相乗効果でどんどん高まっていく。母子が離れないことが不安感を減少させるから，母子が離れずにいる状態が固定化していってしまう。

───────────── 関連する視点

■身近なモデルを示したり，不安感を和らげたりして行動を支える……**p.26**
■仲間関係の築きやすい優しく開放的な集団をつくる…………………**p.40**

子どもの心に寄り添う心理術

> 　不安を抱えて入学してくる子にとって，母親は何にも代えがたい安心できる存在だ。入学直後は楽しく安心して過ごせる雰囲気を大切にし，その後は，母親との距離を少しずつ広げられるようにしていこう。

小学校生活のスタートを楽しく

　入学式を終えた後の教室では一般的に，保護者の見守る中で児童の呼名，担任の自己紹介や学校や教室の基本的な約束，登下校の注意などが行われる。それらを楽しい雰囲気で進め，安心できるようにしよう。そのために役立つのが，ハンドパペットの活用だ。入学式当日，ハンドパペットを登場させ学校生活を語らせたり，ちょっとした失敗をして笑わせたりしよう。もちろん，これからの小学校生活に希望をもてる話をすることを忘れてはならない。楽しいことがいっぱいでわくわくしてくるような気持ちを引き出せたなら，母親と離れて登校するための第一段階は成功である。

母親との距離を少しずつ広げていく

　最初の1週間程度は，母親の協力が必要なこともある。教室まで着いてきた後は，教室の隅か教室内が見える廊下などで待機してもらう。母親には，子どもが動揺しない程度に様子を見て少しずつ教室を離れるようにお願いし，子どもと距離を置く場面を増やしていく。数日間の母親の待機で登校に慣れたら，母親が来られない日をつくり，一人で過ごせるようにする。母親と離れることに強い不安を示す場合には，母親の代わりに見立てたお守りや小さなマスコットというような物を学校に持ってこさせる。「いつも，お母さんと一緒」と感じられ，母親と離れることの不安感を減らすことができる。

ケース14　親子関係が悪く，学校でイライラをぶつける子

子どもの変化を通して，親の接し方にも変化を起こす

---事例---

　A子の父親はいつも厳しい。母親は父親に服従している。そんな両親にA子は反抗的な態度をとり，学校ではいつもイライラしている。

子どもの心を読み取る

　A子の厳格な父親は，学校のテストで95点だと「なんで100点じゃないんだ。ちゃんと問題を読めばできたはずだ」と，大きな声で怒る。たとえ100点を取ったとしても「そんなの当たり前だ」と言って，まったくほめることをしない。担任教師がほめてくれた作文を喜々として持ち帰っても，「字がきたない」，「ありきたりな表現だ」などと言って，粗探しに終始する。母親は，父親が言うことが絶対で，父親の前ではいつもびくびくしている。だから，我が子がどんなに叱られてもかばいはしない。

　そんなA子は，些細なことでイライラが高まる。教室で男子がじゃれ合っているのを見るだけでもイライラしてしまう。「ばっかみたい」と言って，じゃれ合う男子を蹴る。そんな行為が，ちょっとしたストレス解消になっているらしい。家では，いつも緊張している感じで休まらない。本当は母親に甘えたいが，それも叶わず，夜は布団を被ってこっそりゲームをしたり，音楽を聴いたりしていて，なかなか寝付けない晩もある。

関連する視点

- ■「困った事態」を「発達課題」として家庭と連携する……………… **p.42**
- ■心の内側を表現しやすい機会をつくる……………………………… **p.56**

子どもの心に寄り添う心理術

親子関係がうまくいっていないと，子どもは学校で級友に悪口を言ったり暴力をふるったりしがちだ。親を変えるのは難しいが，まずは子どもの辛い気持ちを理解し，学校での活躍を少しずつ親に伝えていこう。

辛さを受け止め，温かい言葉を伝える

　親子関係のまずさに気付いたとしても，親側の態度を変えるのは容易なことではない。状況によっては関係機関との連携が必須だが，教師サイドでまず実行できるのは，学校生活の中で子どもを支えることだ。イライラを隠せない子どもを前にすると，教師としては表情も言葉も厳しいものになりがちになる。暴言や暴力が目立てば，他の子どもたちから「なんとかしてよ」という声も聞こえてきて，厳しい対応をせざるを得ない。しかし，厳しい対応はＡ子のイライラした心を悪化させるばかりだから対応を切り替えるしかない。辛い気持ちを理解した上で，温かい言葉・プラスの言葉をかけるよう意識してみよう。薄皮を剥ぐように，じわじわと効果が現れてくるだろう。

子どもが変われば親の接し方も変わる

　子どもの様子によい変化が起き始めると，親の反応も少しずつ変わる。その「少しずつ」に勢いをつけるのが，子どもの様子についての親への情報提供だ。内容は，学校で成長が見られたことや努力が感じられること。重要なのが，親との関わりの中で成長や努力の支えになっている事実を伝えることだ。「この前の作文ですが，お父様に『面白いね』と言われたことをとても喜んでいました。苦手だった作文ですがこれからが楽しみです」というように伝える。こんなひとことが，父親の関わり方に変化を起こすきっかけになるかもしれない。

ケース15　いくら注意しても行動が改まらない子

時間をかけてプラスの行動をほめて増やす

---事例---

　Ａ男は１年生。勝手な行動を取ることが多く，集中して学習に取り組めない。いくら注意してもその言葉が届かず，教師のイライラが膨らむ。

子どもの心を読み取る

　入学前，幼稚園や保育園では，ある程度やりたいことが自由にできた。小学校に入学したとたん，内容，時間，場所を限定される環境に大きく変わる。毎時間やることが決まっていて，教師の言うとおりに行動することが求められる環境に，すぐに馴染めない子がいるのは仕方がないことだろう。入学前は教師に言われてやるのではなく，「今日は何やりたいの」と聞かれてから行う活動が多かったのに，小学校では，「ぼくがやりたくないことでも先生が勝手に決めちゃう」と感じられて面白くない。長い時間，椅子に座っていることに慣れていないから，つい立ち歩いてしまう子どももいる。

　入学早々，教師は「ちゃんとやりなさい」とか「ちゃんと座りなさい」と言って注意しがちだが，入学したばかりの子どもたちには，その「ちゃんと」という意味がわからない。よくわからないからそのままやりたいことを続けてしまう。言うことを聞きたくないとか反抗しようとかいうのではなく，純粋にやりたいことをやっているだけなので，対応には工夫が必要になる。

関連する視点

■受容と要求（指導）のバランスをとる……………………………………**p.38**

■行動の原因を見抜き，意味のあるアプローチをする……………………**p.44**

子どもの心に寄り添う心理術

> いくら注意しても効き目がないならば，注意する以外の効き目のある手立てを考えよう。注意の対象となる行動と相反するプラスの行動（子どもの望ましい行動）をほめて増やす対応は，遠回りのようで近道だ。

望ましくない行動を叱るより，望ましい行動に目を向けてほめる

　授業中の望ましくない行動は目立つ。だから教師は望ましくない行動に注目して，すぐに注意をしたくなる。だが子どもにしてみれば，「注意されてもできないことはできない」のだ。無理な注意が繰り返されれば，それを聞き流す習慣がついてしまったり，子どもが安心して教室にいられなくなったりする。

　どうしても，今の指導でよい結果が導き出せないのならば，別の指導に変えてみよう。その第一歩が，望ましい行動をほめることだ。望ましい行動が増えれば，必然的に望ましくない行動は減っていく。立ち歩く行動を注意して効果がないのなら，座っている時を見逃さずに「おお，いいねえ。今日は座ってちゃんと勉強している。その調子，その調子」と声をかけてみてはどうだろう。望ましい行動を受け止め，ほめていくうちに，子どもは教師の言葉に耳を傾けるようになる。その結果，注意されたことも素直に受け止められるようになっていく。

はじめからすべてを望まず，少しずつできるようにする

　行動の制約という面で考えれば，幼稚園・保育園と小学校のギャップはとても大きい。「ギャップが大きい」という事実を前提に対応を考えるならば，行動の急激な変化を望むよりもなだらかな変化を求めることの意味を理解しやすいだろう。急がば回れ。必ず変化はやって来る。

ケース16　うそや言い訳ばかりする子

真っ向から否定せず，どうすればよかったかを一緒に考える

---事例---

忘れものをしたり失敗したりした時，嘘や言い訳ばかりしてごまかそうとする子。問い詰めてもうそや言い訳はふくらむばかりだ。

子どもの心を読み取る

　ひとことで「うそや言い訳」と言っても，つい口にしてしまうような軽微なものもあれば，習慣化してしまい修正するのが難しいものもある。ちょっとしたうそや言い訳ならばやりすごすこともできるが，習慣化したものはやっかいだ。

　押さえておきたいのは，「うそや言い訳でごまかすことが習慣化した子は，そうせざるを得ない状況にくり返し置かれてきた子」であるという心理的背景だ。やるべきことを忘れたり間違えたりしがちな子の場合，周囲は「また忘れたのか」，「また失敗して」とつい厳しく接してしまう。厳しく対応すればするほど，うそや言い訳はさらに巧妙になっていく。

　失敗に対して親や教師から厳しい対応を迫られ続けていたならば，うそや言い訳だけが，自分にとって厳しい環境に適応するための唯一の対処法にならざるを得ない。そこで，うそや言い訳をしなくても大丈夫と感じられるよう，うそや言い訳に頼らない適切な方法を身に付けさせることが必要となる。

関連する視点

■感情のセルフコントロール力を育む……………………………………… p.46
■認知機能を高める……………………………………………………………… p.48

子どもの心に寄り添う心理術

うそや言い訳のもたらす結果を伝え，「失敗したり間違えたりした時は，こうするとよい」という望ましい対処法を伝え続けていこう。また，嘘をつかざるを得ない子どもの辛さも受け止めよう。

うそや言い訳のもたらす結果を伝える

うそや言い訳のもたらす結果について，学級全体で話題にしておくとよい。うそや言い訳でその場は切り抜けられるかもしれないけれど，結局は周りからの信用を失ったり迷惑をする人が出たりすることになる。そのことを，教師自身の経験談や過去に担任した学級での出来事のような形で伝える。即効性はないかもしれないが，うそや言い訳以外の方法で対処しようとするきっかけになるだろう。

うそや言い訳に替わる対処法を身に付けられるようにする

うそや言い訳だと感じられたとしても，それを真っ向から否定しないこと。自分のことをきちんと受け止めてくれる人には，うそをつく必要はない。「そう思ってるんだね」と，焦らずじっくり，まずは本人の言葉を受け止めよう。その上で，場面や状況と行動を照らし合わせ，どうすればよかったかを，子どもと共に考える姿勢をもちたい。表面上は自分の非を認められないとしても，心の内で「まずかったなあ」という意識を芽生えさせられれば次につながる。

学級全体には「教室は失敗する所，失敗してもいい所だ」，「次に生きる失敗は意味のある失敗」と繰り返し伝え，失敗や間違った言動の後の対処法を考える習慣をつけよう。

ケース17　教師に反抗しがちな子

客観的によい行動に目を向けまずはほめる

---事例---

中学年になると反抗的な態度を示す子どもが現れ，高学年では急増する。教師は身構えて拒否的な態度を取りがちだが，反抗的な態度は悪化する。

子どもの心を読み取る

「この頃，すぐイライラして大人に反抗しちゃうんだよね。家でも親とけんかばっかり。反抗期だからしょうがないのかな。でもさ，学校では，別に反抗してなくても『その態度はなんだ！』なんて言って，先生が怒るんだよ。こっちもそんな先生の態度に頭にきて，もっと反抗しちゃうんだ。」

子どもが反抗的な態度をとるのは相手次第。反抗期だからといって，だれにでも反抗的になるわけではない。家庭では，両親には反抗するのに祖父母や叔父・叔母などには従順というようなことがある。教師への態度もしかり。担任以外の教師には妙になついて相談をもちかけることもある。親や担任は目の前の子どもを伸ばさなければと考えているから，つい厳しい対応になってしまう。熱心な教師に子どもが反抗的になるのは，当然の結果だと言えなくもない。

関連する視点

子どもの心に寄り添う心理術

教師にとってはマイナスイメージの強い反抗的な態度も，子どもの側にすれば発達上とても意味のある大切な行動だ。子どもが反抗的な態度を示した時は成長を促すチャンスと考え，関わり方を工夫しよう。

反抗的な態度より客観的な行動に目を向ける

反抗的な態度を示す子どもに対して，教師はよい感情をもちにくい。仕方のない反応かもしれないが，自分の感情はひとまず脇に置いておこう。子どもの行動を冷静に見ていると，ちゃんとやっている行動に気付くこともきっとある。まずは，それをほめよう。

ほめられてもうれしそうな態度を示さなかったり，しらけた表情を見せたりする子もいる。だが，たとえ表面上は良い反応が見られなくても，多くの場合，ほめ言葉は子どもの心に届いている。よい言動を見逃さず的確にほめることを続けていれば，少しずつ子どもたちの心に沁みていく。そしてある時ふと気付いたら，反抗的だったはずの子どもが話しかけてくるようなことが起きる。すぐには効き目が表れなくても，続けてみることである。漢方薬のようにゆっくり効いてくることだろう。

「ほめほめダッシュ」でどんどんほめよう

反抗的な態度を示す子どもの顔を見ると，なかなかほめる気になれない。そんな時は，顔を見ないで「ピンポンダッシュ」（玄関の呼び鈴を押して逃げる悪戯）のようにほめてみよう。よい行動を見つけたら傍で「がんばってるね」とか「よく書けてるね」というような声をかける。「うるせえ」などという言葉が返って来るのを避けるため，ほめるだけほめてその場を離れてしまう。「ほめほめダッシュ」で，子どもの反抗的態度は変わっていく。

ケース18　教師に怒りをぶつける子

子どもの怒りを言語化させる

> **事例**
>
> 何かにつけて教師に怒りをぶつけてくる子，攻撃的な言動で挑発してくる子への対応は厳しくなりやすく，反発心も高まる。

子どもの心を読み取る

　ある学校を出張で訪問した時，担任と思われる若手の女性教師と高学年の男児の言い合いの場面を偶然目にした。

　　子ども「そんなふうに言われると，ムカツクんだよ！」
　　担　任「私の方がムカツイてるわよ！」
　　子ども「オレの方が，もっとムカツイてるんだよ！」
　　担　任「私の方が，もっともっとムカツイてるの！」

　今にも殴りかからんばかりの子どもと，それを真正面から受けて苛立ちを隠せない教師。まるで子ども同士のけんかのようなやり取りに当惑した。しかし当の本人たちにしてみれば重大事。教師にしてみれば「こんな子どもの反応はあり得ない！」と言いたいところかもしれない。子どもの側からすれば，「オレが悪いのはわかっているけど，先生の言い方がムカツクから素直になれないんだよ」という気持ちが，素直な態度の邪魔をしている。

関連する視点

- ■受容と要求（指導）のバランスをとる……………………………**p.38**
- ■一人で抱え込まず，学級の荒れを未然に防ぐ…………………**p.50**

子どもの心に寄り添う心理術

> 怒りの感情がふくらんでカッカした状態にある時には，子どもが自ら矛先を収めるのは難しい。教師の側が自分の怒りをうまくコントロールしながら，子どもの怒りを言語化させるような工夫を試みたい。

漠然とした怒りの言語化

　攻撃的に迫って来る子どもにどう対処すべきか迷った時には，何はともあれ「ちょっとまってね」のひとことを発してみよう。とにかくワンクッション置くのだ。

　教師自ら深呼吸して冷静になり，攻撃性を示す子どもの怒りを受け止めよう。「怒っている理由を教えてくれないかな？」と伝え，言語化させることによって，漠然とした不満や怒りや攻撃性などを沈静化させることができる。ただし，熱くなっていると明確な理由など言えないことがあるかもしれない。そんな時は，教師側で思いつく理由を投げかけて「こういうことかな？」と聞いてみるようにする。「イエス・ノー」で答えられる聞き方できっかけがつかめたら，さらに詳しく怒りの感情を言語化させてみよう。

攻撃的言動を防ぐための基本は予防的対応

　予防に勝る対応はない。攻撃的な言動が生じなければ，難しい対応に苦慮する場面を減らせる。予防の基本は「受容と要求（指導）のバランス」に集約される。攻撃的になりやすい子どもも，実は自分のことを受けとめてくれる人の存在を望んでいる。

　ふだん攻撃的でない時に，たっぷり受容しておくこと。受容されていることが感じられる相手なら，子どもはあからさまな攻撃性を示さないし，攻撃的な言動があったとしても収束しやすくなる。

ケース19　叱られても納得せず聞き流す子

教師が叱りたいことを子どもに考えさせる

---事例---

授業中，自分勝手な行動をとったり，休み時間に友達とトラブルを起こしたりしがちな子。叱っても納得せず，その場で聞き流してしまう。

子どもの心を読み取る

　思い立ったらすぐに行動に出てしまい，頭に浮かんだことはつい口にしてしまう。遊んでいて気に入らないことがあると暴言を吐いたり，手を出してしまったりする。そのため，親や教師に叱られることが多い。叱られても，自分ではそれほど悪いことをしていると思わない。「悪いのは自分だけじゃないのに，なんでオレだけ？」と反感ばかりが募り，大人の叱責をまともに聞かない。叱られても知らんふりをしたり反抗的な態度をとったりするから，さらに親や教師の怒りを買うことになる。幼い頃からずっとそんなことが続いてきたため叱責を素直に受け止めず，受け流すことでその場をやり過ごす習慣を身に付けてきてしまっている。

　叱られてばかりの自分を守るには，聞きたくもないお説教を聞き流すことが最も楽な方法だ。時には「ハイ，ハイ，わかりました！」と言って，余計に叱られることもあるが，言い訳してもどうせ聞いてはもらえないという思いから，聞き流すのがいちばんと考えている。

関連する視点

- 「ほめず」にほめる・「叱らず」に叱る……………………………… **p.34**
- 行動の原因を見抜き，意味のあるアプローチをする……………… **p.44**

子どもの心に寄り添う心理術

> 本人が納得できるよう，「叱られている原因（何がいけなかったのか）」を理解できるようにする。さらに，これからどうすればよいのか具体的な行動を考える時間を与え，その後少しでも実行できたらほめていこう。

教師が叱りたいことを子どもに考えさせる

　A男が友達とのトラブルを繰り返している。今日もまたケンカだ。そんな時はつい「またケンカか。何度言ったらわかるんだ！」と頭ごなしに叱りがちだ。しかしそこでひと工夫してみよう。

　怒りを落ち着かせるために深呼吸し静かにA男に近づき，厳しい表情で「ちょっと廊下へ出なさい」と呼ぶ。「ねえ，A君。私から3つ，言いたいことがあるんだけど，なんだかわかる？」と，一転，優しいトーンで言葉かけをする。叱られるかと思って身構えていたA男は戸惑いの表情を見せるが，叱られなくて済みそうだとわかると安心して「え〜と」と考え始める。「1つ目は，B君とケンカしていたこと。2つ目は……で，3つ目は……」というような返答があればそれ以上叱る必要はない。A男は教師の言葉を受け止め，反省しているからだ。

フォローアップも忘れずに

　叱りたいことをA男本人に考えさせることで，一定の効果は得られるが，忘れてはならないのがフォローアップだ。ケンカがまた起きてしまわないうちに，「この前話したこと覚えているよね」と話しかける。少しでも改善された状況に気付いた時には，「成長したねえ」と伝えていこう。「またやったのか」と叱らなければならない機会を確実に減らすことができる。

ケース20　自分から教師に話しかけられない子

話しかけやすいような「隙」と子どもに あわせた「間」を意識する

---事例---

家ではうるさいほど親に話しかけるのに，教師には話しかけたくてもなかなか話しかけられない。

子どもの心を読み取る

　先生に話したいことはいっぱいあるのに，自分からはなかなか声をかけられない。だって先生はいつも忙しそうにしているし，先生の近くには他の子もいる。忙しそうな先生にストップをかけてまで話そうとは思わないし，他の子を押しのけて私の話を聞いてもらおうとも思わない。だから先生のそばには行くけれど，友達と先生が楽しそうに話しているのをいつも横で聞いているんだ。気軽に先生と話せる友達をうらやましいと思うけれど，あんな風には話せないよ。

　このような子どもは，男女を問わずどの学年にも存在する。友達と先生の会話を聞いているだけでも楽しそうにしているし，寂しそうにしている様子もないから，教師側から敢えて話しかけようともしない。次第に，役割分担しているかのように，積極的に教師と話す子と聞き役に徹する子に分かれていく。しかし「本当は先生に話を聞いてほしい」という子もいるはず。教師に声をかけたくてもかけられないでいる子は，寂しい思いをしている。

関連する視点

- 受容的な態度で，多面的に子どもを理解する……………………………**p.16**
- 身近なモデルを示したり，不安感を和らげたりして行動を支える……**p.26**

子どもの心に寄り添う心理術

　慌ただしい日常の中で教師は，自分に話しかけてくる子との会話が多くなりがちだ。自分から教師に話しかけられない子でも話しかけやすくなるよう，「隙」や「間」を意識した関わりを工夫してみよう。

「隙」をつくる

　子どもから見える教師の姿は，たいていせかせか忙しそう。時には手持無沙汰でぼんやりとしているような雰囲気を醸し出し，「隙」をつくってみよう。なんとなく話したがっていそうな子に気付いた時に，意識して「のんびりした姿」を見せるのだ。鼻歌でも歌いながら，休み時間や放課後に机周りの整頓をしたり，植物や生き物の世話をしたりする。「暇だからなんとなくやっている」というように見えれば成功だ。その上で，話したそうにしている子に声をかけてみよう。「今日，帰ったら何するの？」程度の軽い話題からでよい。それが重なれば，子どもから話しかけてくる機会は必ず増える。

「間」を意識する

　「間抜け」という言葉は，芝居や踊りなどの「間」が抜けてしまってテンポが合わなくなることに由来するという。隙をつくってやっと成立した会話も，教師のペースで忙しく進めてしまっては元も子もない。子どもとの間でテンポが合わないと，会話はすぐに途切れる。教師が早いテンポで話そうとすると「間」がなくなる。ゆっくりタイプの子はそれだけで焦ってしまい，本当に話したいことを話せずに終わる。何をどう話せばよいか考えをまとめる時間が必要だ。自分のテンポで話そうとしている教師は，話し相手となっている子どもの「間」を意識し，相手のテンポで話せるよう努めてみよう。

教師との関係

ケース21　ほめられることが少ない子

学校でも家庭でもほめられる機会を
意識してつくる

---事例---

発言や自己主張が少ないおとなしい子で，特に得意・不得意はない。日頃目立ちにくいために，教師からほめられる機会が少ない。

子どもの心を読み取る

　いつも授業に落ち着いて取り組み，おしゃべりやよそ見などせずにがんばっているのに，教師からあまりほめられない。ふだん学習に真面目に取り組んでいるけれど，目立ちにくい子・おとなしめな子は，次のように感じているかもしれない。「先生はいい発言をいっぱいする子をいっぱいほめる。いつも集中しない子がたまたまちゃんとやるとほめるけれど，いつもちゃんとやっている自分はほめられない」

　教師は，目立つ子に反応しやすい。学習場面で活躍する子，授業に集中できず乱してしまう子。それに加えて，理解が遅く学習についていけない子等々。目立ちやすい子に対して，ほめたり注意したり特別な配慮をしたりする。その陰で，当たり前のことを日常的にきちんとやっている子に対しては声かけが少なくなりがちだ。先生に声をかけてほしいのに，それすら言えない子。賑やかなクラスで埋もれがちな子は寂しい思いをしている。本当はほめてほしいのに……。

関連する視点

■「ほめる」・「叱る」行為を機能から考え，理解する……………… **p.32**
■「困った事態」を「発達課題」として家庭と連携する……………… **p.42**

子どもの心に寄り添う心理術

連絡帳に「その日ほめられた回数」を㋭〜回，と毎日記入させ，連絡帳を点検する際にその回数を確認する。０回が続くようなら，要注意だ。意識してほめるよう心がけよう。

㋭で，ほめられにくい子を見つける

教師は良い意味でも悪い意味でも「目立つ子」が気になる。「ふつうにがんばっている子」をほめる機会を増やすために比較的容易に実行できるのが，連絡帳への㋭の記入。ふだん連絡帳には，持ち物（㋲），宿題（㋛）など略語を使って必要事項を記入させている。そこに，ほめられた回数（㋭）を追加するのだ。

連絡帳チェックをする際には㋭の回数を確認。０回が続いているようであれば，何か一つでも思い出しその場でほめるとともに，翌日以降，その子の行動に目を向けて意識してほめるよう心がける。

「ほめる」機会が家庭でも増え，教師自身も「ほめること」を意識することにつながる

㋭を活用できるのはせいぜい３年生ぐらいまでかもしれない。だがその効果は絶大だ。家庭で連絡帳を見せた子どもに，親は「今日は何をほめられたの？」と聞く。ふだん学校のことを話したがらない子でも，ほめられたことなら嬉しそうに答える。学校でほめられた上に，家でもほめられることになり，よい行動がさらに増える結果をもたらす。

教師側も，連絡帳の㋭の回数が少ない子に気付けば，ほめることを意識するようになる。その結果，あまりほめていなかった子，目立ちにくい子をほめる回数が次第に増えていく。

教師との関係

ケース22　グループ間のトラブルを起こしがちな子

トラブル原因の「見える化」で対立関係を協働関係に導く

---事例---

高学年でよく起こる女子のグループ間のトラブル。一方の肩をもつような対応をしてしまうとトラブルは深刻化する。

子どもの心を読み取る

　６年生のＡ子が，対立するグループのＢ子から悪口を言われたといって３人の仲間とともに訴えて来た。Ａ子のグループとＢ子のグループは日頃から反目する関係にあり，些細なことが原因となってしばしばトラブルを起こしていた。両方から話を聞けば「言った」・「言わない」，「にらんだ」・「そっちが先ににらんだ」などの繰り返しで，らちがあかない。

　高学年女子グループ間のトラブルは，背景が複雑なことが多い。解決しようと乗り出したのに，背景をきちんと読み切れないまま話し合いを続けていると失敗する。「先生はあっちのグループをひいきしている」と反感を買ったり，両方のグループを敵に回してにっちもさっちもいかなくなったりする。まずは「自分たちは悪くない，相手側が悪いんだ」，「自分たちの言い分を聞いてほしい」という，両者の切実な思いに耳を傾けることから始めよう。「先生はひいきなしに，ちゃんと聞いてくれる」ということが伝われば，解決に向けた話し合いにもっていくことができる。

関連する視点

■一人で抱え込まず，学級の荒れを未然に防ぐ…………………………**p.50**

子どもの心に寄り添う心理術

> 何が起きたのか，両者の言い分を教師が丁寧に聞き取り，事実なのかそう感じたのかを明確にしながら図解化していく。そこで起きている悪循環に気付かせ，断ち切るための具体案を話し合わせてみよう。

トラブル悪循環構造図で，話し合いの「見える化（視覚化）」

　トラブルを起こしているグループ双方から事情を聞き取る際に，教師側に先入観があると一方の肩をもつような対応になる。公平な立場で話を聞くというスタンスを守ることが大切だ。その際に役立つのがトラブル悪循環構造図（p.13）による話し合い内容の「見える化」だ。

　まず両グループからの聞き取りを丁寧に行い，図に表していく。事実確認ができたところで，悪循環の解決策を洗い出す話し合いに移行する。可能か不可能かは問わず解決策を提案させているうち，対立関係は解決策を探る協働的な関係へと変化する。

「原因追及」から「解決志向」の話し合いへ

　グループ間のトラブルでは，一つのきっかけ（原因）が広がってさまざまなマイナス感情を引き起こす。そのマイナス感情が行ったり来たりしているうちに悪循環に陥る。教師は原因を深追いせず，悪循環の連鎖を断ち切ることに目を向けさせる。感情面のわだかまりはひとまず脇へ置いて，解決志向の話し合いにもって行くのだ。

　悪循環の連鎖の中で断ち切りやすそうな部分を見つけて，断ち切るための方法を話し合わせる。その中から「これならできそうだ」ということから始めてみるよう提案し，少し日を置いて報告を受けることがトラブルの解消に役立つ。このような機会を設けるだけで関係が好転した事例は数多くある。

ケース23　陰で悪口を言ったりいたずらしたりする子

指導と並行して，劣等感などの背景を聞き取り本人のよさを伸ばす働きかけを工夫する

> ─事例─
>
> 人気のある子や自分と反りが合わない子について，陰でこそこそと批判や悪口を言ったり，上履き隠しのようなことをして困らせたりする。

子どもの心を読み取る

　Ａ子は明るく，勉強も運動も得意でクラスの人気者。たくさんの友達がいる。友達の少ないＢ子にとってそんなＡ子は，「あんな風になれたらいいな」と憧れを抱くような存在で，一時は仲良くしていた。しかし自分がＡ子ほどには人気がなく，次第に孤立気味になっていることに気付くと，Ａ子はＢ子にとっての憧れの対象から嫌いな友達，憎らしい友達へと変わっていく。そして「Ａ子より優位な立場に立ちたい」，「Ａ子に嫌な思いをさせたい」という思いが膨らんでくる。

　Ａ子に対して自分が優れている所を感じられずにいるＢ子には，立場を回復するためにできることがあまりない。陰口によってクラスの中でのＡ子の地位を引き下げることや物隠しをして困らせることが，Ｂ子にできる精一杯の行動なのだ。周囲の子どもたちはＡ子についての陰口など聞きたくないから，次第にＢ子から遠ざかっていくようになる。Ａ子に対するＢ子の陰口や物隠しはさらに増え孤立した状態が深まる，という悪循環に陥る。

関連する視点

子どもの心に寄り添う心理術

> 　陰口や物隠しの事実が掴めた時は，本人への厳しい指導も必要。だがそれと並行して，それまでの経緯や背景，辛い気持ちなどを丁寧に聞き取り，本人を支え伸ばせるような働きかけを工夫してみよう。

劣等感やうらやましさなど，心理的な背景を探る

　いちばんの友達だと思っていたのに，その友達が他の級友とも仲良さそうにしていると，否定的な感情が湧き起こる。相手への劣等感やうらやましさを感じて不満をぶつけることもあるだろう。もちろん「された側」の辛い気持ちを理解し和らげることが第一だが，「した側」の気持ちにも思いを馳せたい。担任教師の「どうしてこんなことをしてしまったのか知りたい」という気持ちが，学級全体に伝わるよう工夫してみよう。

本人のよさを認め，伸ばす対応を積み重ねる

　劣等感やうらやましさの感情から起こる不適切な行動は，相手を困らせて留飲を下げることが目的だ。目に見える事象だけに着目して厳しい対応をしようとすれば，陰口や物隠しは，より巧妙に行われるようになる。特に物隠しは，本人が認めない限りだれがやったのか断定しにくく対応が難しい。犯人捜しをすれば雰囲気の悪化を招き，保護者対応も含めてその後の学級経営は混乱する。難しい対応を強いられるが，どうにかして他者を困らせること以外の方法で乗り越えられるようにしたい。

　そのためには，「おそらくB子だろう」と予測できた時点で，B子へのほめ言葉や声かけをさりげなく増やしてみよう。「先生は自分のことを認め大切にしようとしてくれる」とB子が感じれば，過去のいたずらや辛い気持ちなどを少しずつ打ち明け，解決につながる可能性が出てくる。

ケース24　けんかやトラブルが多い子

子ども自身が言動をみなおすきっかけをつくる

> **事例**
>
> 授業中，グループ活動が始まると決まってだれかとトラブルになったり，休み時間，遊びのルールや勝敗のことですぐけんかになったりする。

子どもの心を読み取る

　Ａ男は，授業でも遊びでも，友達と関わる時に自分の思いと友達の思いがすれ違いがちだ。気が付けば，いつもトラブルの中心になっている。トラブルが起こった状況を知る子どもたちは皆，Ａ男が悪いと考えているが，Ａ男は「相手が悪い」と主張する。自分に原因があるのではなく，友達に原因があると思い込んでいる。だからいくら周囲の子どもたちが「違う」と騒いでも，Ａ男の考えは変わらない。そればかりか，さらに態度を硬化させてしまい，教師の仲介も受け付けなくなってしまうことさえある。

　コミュニケーションの未熟さや周囲の状況理解がうまくできないことなどが原因で，幼い頃から何度も辛い体験を繰り返してきたＡ男。トラブルになれば，自分を守ろうとするスイッチがすぐに入ってしまう。いったん入った「自分を守るスイッチ」は，客観的な事実を突きつけられてもすぐに OFFにはならない。気持ちが落ち着くと何事もなかったように振舞うこともあるが，周囲の子どもたちの不満は解消されないまま問題は深刻化していく。

関連する視点

- ■感情のセルフコントロール力を育む……………………………………… **p.46**
- ■認知機能を高める……………………………………………………………… **p.48**

子どもの心に寄り添う心理術

> くり返されるトラブルに対しては，どうしても「自分勝手だ」，「自己中心的だ」，と否定的に捉えてしまいやすい。背景にある未熟さや認知の歪み，それに伴う辛い経験等を踏まえた上での対応を考えたい。

なぜトラブルを起こしやすいのか，本人の理解を促す

　Ａ男は，けんかやトラブルの原因が本人の言動にあることを理解していない。だから，トラブルに巻き込まれた子どもたちのＡ男への不満は膨らむばかりだ。その不満を敏感に感じ，Ａ男の言動はさらにトラブルを引き起こす。

　そんな悪循環を断ち切るためには，認知的な弱さや歪みから起きるＡ男の偏った理解を修正し，客観的に状況を見る力をつけたい。コグニティブトレーニングを実施し，認知的な力を高めてみよう。日常の指導では，図解化が有効だ。話しているだけでは理解できにくいことも，図で表した途端に理解しやすくなる。どこに問題があったのかが理解しやすくなると，自他の言動を客観視し，自らの言動を改めていくきっかけがつかめるようになる。

「けんかやトラブルは，成長できるチャンス」と伝えよう

　学級経営の初期の段階から「けんかやトラブルが起きた時こそ成長できるチャンス」と，子どもたちには繰り返し伝えていこう。何らかの形で，保護者にも伝えるとよい。

　「けんかやトラブルが起きた時は，君たちが育つチャンスなんだ。どちらが悪いとか謝って終わりとかじゃなくて，どうすればよりよい解決になるのか考えられるようになってほしい」

　このように伝えておくことで「落ち着いて対処しよう」とする構えができ，子ども同士の話し合いは解決志向のものになりやすくなる。

友達との関係

ケース25　すぐに手や足が出てしまう子

暴力以外の手段で対処できるように切り替えさせていく

---事例---

友達とのちょっとしたいさかいで，すぐかっとなり手や足を出してしまう子。毎日のようにだれかとトラブルを起こしてしまう。

子どもの心を読み取る

　友達とのかかわりの中で気に入らないことがあると，周囲が止める間もなく相手に手足を出してしまう。イライラする気持ちが溜まって爆発するような状態とは異なり，相手の言葉に言葉で返すべきところを叩いたり蹴ったりしてしまう。自分が受け止められない（気に入らない）言動に対して，間髪を入れずに反応してしまう。「それほど大したことでもないのに，なぜすぐ手や足が出るの？」と思われがちだ。しかし，本人にとっては，「かっとなるスイッチ」をパチンと入れられてしまった状態なので，瞬間的に動く手足を止めることができない。言葉によるコミュニケーションの力，感情をコントロールする力などが未熟で，気持ちが即，行動として表に出てしまう。

　一方で，親からの暴力を繰り返し受けて育ってきたために，言葉よりも暴力が当たり前になってしまっている子どももいる。日常生活の中で「すぐに叩かれる」ということが当たり前になっている環境は，すぐに「手や足を出す子ども」を生み出す。

───────── 関連する視点 ─────────

■受容的な態度で，多面的に子どもを理解する…………………………… p.16
■感情のセルフコントロール力を育む……………………………………… p.46

子どもの心に寄り添う心理術

> 感情を爆発させるスイッチが入りやすい子には，暴力以外の手段（まずは短い言葉）で対処できるように切り替えさせていく。また感情爆発のスイッチが入りにくくなるよう，内に秘められた辛さを理解しよう。

暴力に代わる手段を身に付けさせる

　教室で暴力行為が起きると，教師としてはどうしても「暴力は絶対に許しません」という対応をせざるを得ない。とはいえ，許さないだけで暴力がなくなるわけではないし，余計に増やしてしまうことだってある。禁止するだけでなく，どう対応すればよいかを身に付けさせることも考えよう。

　時間はかかるかもしれないが，言葉によるコミュニケーションの力を伸ばして，暴力に代わる手段となるようにしたい。「やだ」とか「やめて」のひとことでもよい。それが言えるか言えないかで大きな違いが出てくる。

子どもの声に耳を傾け，背後にあるものに目を向けよう

　家庭での暴力や厳しい対応が継続的に行われていると，攻撃性を発する発火点が低くなっていてすぐに爆発しやすい。発火点を上げる対応が必要だ。

　自分が抱える厳しい状況を共感的に理解してくれる人の存在は，感情の爆発を抑える役割を果たす。すぐに手や足が出る子どもに対し教師は厳しく対応をせざるを得ないが，時にはじっくり話を聞いて本人の抱える辛さや悲しみなどを共感的に理解する場をつくりたい。教師が自分で対処するのが難しい場合もあるだろう。そのような時は，利害関係の少ない第三者，たとえばスクールカウンセラーや学校図書館司書，管理職などにお願いしてみるのも有効な方法といえる。

友達との関係

ケース26　仲間に加われない子・孤立しがちな子

子どもを支え子ども同士をつなぎ，学級集団の環境を整える

事例

仲間に加わりたくても自分から加われない子，仲間に入らなくてもいいと言う子，仲間に入れてもらえない子など，孤立しがちな子。

子どもの心を読み取る

　自分から声をかけて仲間に加われない子の多くは，集団遊びの経験が少なかったり，コミュニケーションスキルが不足していたりする。遊びそのものの経験が少ないとその遊びに加わることが不安だし，仲間に入れてほしいと声かけできなければ集団遊びを経験することもできない。その結果，ますます仲間に入りづらくなるという悪循環に陥ってしまっている。

　「仲間に入らなくていい」という子もいる。背景には，遊んでいるグループに「入れて」と言ったら拒否された，というような過去の辛い体験が存在する場合がある。「また傷つくくらいなら，ひとりでいる方がいい」と考え，仲間に入らない方を選んでいるのだ。

　中には，仲間に入れてもらえないタイプの子もいる。攻撃的な言動が多かったり余計なひとことで周囲をしらけさせてしまったりすることが多く，トラブルを避けたい周囲の子どもたちから敬遠されてしまう。

関連する視点

- ■ 受容的な態度で，多面的に子どもを理解する……………………………… **p.16**
- ■ 仲間関係の築きやすい優しく開放的な集団をつくる……………………… **p.40**

子どもの心に寄り添う心理術

仲間に入れない子と言ってもタイプはさまざま。アプローチの仕方も多岐に渡るが，共通するのは子どもを支え子ども同士をつなぐ・学級集団の環境を整える，という対応を工夫することだ。

子どもを支え，子ども同士をつなぐ

引っ込み思案で自分から仲間に入れない子の場合，その子を支え仲間につなぐ支援が役に立つ。まずは，休み時間などにぽつんと一人でいるような時を見計らって「一緒に遊びに行こうか」と声をかけてみよう。大人が一緒なら遊びに加われることがある。渋る場合は，遊びの場面を想定し「入れて」とか「○○ちゃん，あそぼう」などのロールプレイングをしたり，遊びのルールを伝え，どう動けばよいかを教えたりすることが役立つ。自分から仲間に入れそうな段階になったら，その子と一緒に遊んでいる集団に近づき，「入っていい？」，「入れて」などと声をかけるモデルを示すのも効果的だ。

学級集団を整える

日常の授業場面で，さりげなく声かけをしてくる子を座席近くに配置したり，体育でゲームを行う際に同じチームにしたりという配慮もしたい。同時に，気配りしてくれる子どもを認めほめることで，受け入れ側の意識を高めよう。乱暴な言動から仲間に入れてもらえない子の場合，放っておくといつまでも孤立状態が続くばかりか，学級集団の雰囲気がどんどん悪くなっていく。いろいろな機会に，お互いのよさに目を向ける活動を取り入れ，たとえ乱暴な子でも「乱暴だけど，○○が得意だね」という肯定的な視点を育みたい。このように学級集団を整えることが，次へのステップの土台になる。

ケース27　被害者意識が強い子

トラブルを図解化し客観的に理解しやすくする

事例

友達との関係性がうまくつかめずトラブルをよく起こす。被害者意識が強く，
原因が自分にあっても常に相手を非難し問題をこじらせてしまう。

子どもの心を読み取る

　トラブルの様子を客観的に見ていた子どもや教師からは，どう見ても本人がきっかけをつくっている。それなのに本人は絶対に認めようとせず，頑なに「自分が被害者だ」と言い張り，相手を非難するばかり。これでは解決の糸口がつかめずトラブルの仲裁も難しい。

　本人にしてみれば「なんで○○が怒るのか，わからない。○○が悪いのに，ぼくの方が悪いなんておかしい」ということになる。現実には，本人の行動Ａ（きっかけ）がＢという事態（トラブル）を起こし，相手にＣという感情（怒り）をもたらしているのだが，それをうまく把握できない。本人の行動であるＡの部分が記憶の中で曖昧になっていたり，実際にトラブルの流れの関係性が理解できていなかったりする。自分が責められることから逃れるため，記憶を消去したり変換したりしているケースもある。

　いずれにせよ，トラブルの原因は相手にあると認識してしまいやすいために被害者意識ばかりが強まり，教師が仲介してもトラブルの解決は難しい。

関連する視点

■認知機能を高める……………………………………………………………**p.48**

子どもの心に寄り添う心理術

> トラブルが起きた時には，本人や関係者の記憶と話し合いだけに頼らず，その内容を図解化して視覚的に捉えられるようにしよう。関係把握の苦手さを改善できるよう，認知機能を鍛えることも必要だ。

トラブルを図解化して理解しやすくする

　トラブルが起きた時には，なかなか客観的になれず自分の立場を守ろうとしやすい。また，言葉でのやり取りをしていると堂々巡りになりやすい。起きた事象について関係者で事実を確認しながら図解化すると，起きたトラブルを当事者たちが客観的にとらえやすくなり，解決にも結び付けやすい。また，言った・言わない，やった・やらないといった堂々巡りを繰り返すのを防ぐことができる。客観化した図をもとに，なぜ問題が起きたのかを明確にし，もつれた糸をほぐすような気持ちで解決に導いていきたい。

コグニティブトレーニングで認知機能を高める

　起きた出来事の関係性がうまくとらえられないとトラブルはこじれてしまい，関係した子どもたちには不満がたまるばかりだ。トラブルの原因をつくった本人だけが原因を理解しておらず，周囲の子どもたちは「おかしい」と認識しているような状態は，少しでも早いうちに変えたい。そんなことが繰り返されるようでは，周囲の子どもたちはもちろん本人もかわいそうだ。

　状況把握する力や，記憶力，想像力などを育てるのに，コグニティブトレーニングは効果的だ。保護者の協力を得ながら，少しずつトレーニングを繰り返し，認知能力を高めていきたい。起きてしまったことを的確に捉えられればトラブルの解決が容易になるし，トラブル自体も起きにくくなるだろう。

友達との関係

ケース28　いじめられても明るくふるまう子

- -

隠しきれない SOS を敏感にとらえる

事例

　Y男は級友からのいじわるやいじめの対象になっていたが，それを親にも教師にも言わず，ひとりで抱え込んだまま小学校を卒業して行った。

子どもの心を読み取る

　精神的に不安定な時期にある小学校高学年の子どもの場合，自分に起きている嫌な出来事を人に話せず抱え込んでしまうことがある。特にいじめのような問題の場合は「親や教師に話して，これ以上ひどくなるくらいなら黙っていよう」と考える子が少なからずいる。辛い出来事を安心してさらけ出せる相手が身近にいない子どもは，自分で抱え込むしかない。Y男も，そのような子どものひとりだ。

　いじめにあって辛い状況に置かれているけれど，その辛さをわかってくれそうな大人が思いつかない。先生に相談したとしてもよい変化は期待できないし，もっと辛い状況に追い込まれてしまうかもしれないという不安がある。親に自分の弱さをさらけ出すのは嫌だし，親を悲しませたくもない。

　とにかく，今よりも辛くなるのは耐えられないから，トラブルなど何もないようなそぶりで明るくふるまうしかない。

関連する視点

■受容的な態度で，多面的に子どもを理解する……………………………………**p.16**
■心の内側を表現しやすい機会をつくる………………………………………………**p.56**

子どもの心に寄り添う心理術

> 明るさの陰に隠れた辛さ・苦しさに気付くことは容易ではない。周囲の様子も含めて丁寧に観察し，無理して明るくふるまっても隠し切れないような「辛い・助けて」のSOSに気付き，意味のある対応をしよう。

周囲の子どもたちの言動に注目し確実な情報をつかむ

いじめに遭っている本人が表面上は普段と変わらず明るくふるまっていても，周囲の子どもたちの反応を注意深く見ていると，いじめの実態が浮かび上がってくる。嫌な言葉を投げかける，にらみつける，失敗に過敏に反応する，バカにして笑う，近づくと避けるようにする。このような言動が特定の子に対して見られる時は，たとえ本人が「大丈夫です」と言って明るくふるまっていたとしても，いじめがあることが疑われる。本人と周囲の子どもの様子やかかわり方を注意深く観察し，確実な情報をつかもう。

身体症状に目を向け，情報共有する

いじめの問題に限らず，重大な事態を迎えた時「気付かなかった」では済まされない。少しでも早く明るさの陰に隠れた辛さに気付き対処したい。

いくら明るくふるまっていても，身体は正直だ。無理して本心を隠している時は，身体上のサインが現れることがある。急にトイレへ行く頻度が高まるような時やチック症状が出ている時などは，十分に注意したい。このようなサインを目にした時は，できるだけ早く保護者やスクールカウンセラーなどと連携し，情報交換する必要がある。複数の目で見たことや，それぞれのもつ情報を突き合わせていくうちに「そういえばこの頃……」と気付くことがあるだろう。その気付きが，子どもを救うための第一歩になる。

ケース29　友達を独り占めにしがちな子

教師が少しずつ介入し「独り占め」状態を解消していく

---**事例**---

学級集団の中では孤立気味。複数の友達と仲良くする姿はあまり見られず、自分が気に入った子だけを独り占めにしようとする。

子どもの心を読み取る

だれとでも気軽に話したり遊んだりするのは苦手なので、特定のおとなしい子と一緒にすごしたいという気持ちが強い。相手の気持ちを汲んだり、相手の思いに合わせて過ごしたりするよりも、自分が話したいことややりたいことなどを相手に一方的に押し付けやすい。その子が他の子とおしゃべりしたり遊んだりしていると不安感や怒りの感情が高まり、他の子から奪い返したくなってしまう。

低学年の場合には強引に手を引っ張って自分の側に置いたり、強い口調で支配下に置こうとすることがある。高学年になると、他の子の悪口を言ってグループから切り離そうとしたり、他の子と仲良さそうにしているのを目にしてきつく当たったりする。

背景には、他の子と自分を比べて不安になったり、安心できる家庭生活を送れていなかったりすることがある。学習面での苦手さを抱え、成績の良い子に嫉妬心を抱いたり、自分よりもできない子に対し優越感をもったりする。

関連する視点

- 仲間関係の築きやすい優しく開放的な集団をつくる……………………**p.40**
- 心の内側を表現しやすい機会をつくる………………………………**p.56**

子どもの心に寄り添う心理術

> だれかを独り占めにすることで精神的な安定を得ているが，とりあえずそのことは否定せず，悩みや不安を語らせてみよう。独り占めの対象になっている子については，他の友達とも関われるよう働きかけよう。

独り占めせざるを得ない心理的な背景に迫る

友達を独り占めしている子がいると，すぐに独り占めの状態を解消したくなるだろう。ただし，関係を解消するには注意が必要だ。背景を把握せず，強引に「独り占めはダメ」と指導したとしても，独り占めの状態は目立たなくなるだけ。まずはさりげない会話を繰り返しながら「独り占めせざるを得ない心理状態」の理由を探ろう。独りぼっちになることが怖い，人気のある子とうまく関われない等の理由を聞き出せたら，その解消に向けて力を貸そう。不安や悩みの解消は簡単ではないが，小さな変化を大切にしつつ焦らず対応していけば，独り占めの状態も少しずつ変化していくことだろう。

独り占めの対象になっている子への対応

独り占めにされている子は，本心では今の状態は嫌なのに，それを相手に言えず言いなりになっている可能性がある。そこには，相手の寂しさを思いやるやさしさもあれば，言いたいことをはっきりと言えない気の弱さもある。無理に切り離そうとすることは，やさしさや気の弱さの否定にもつながるので，丁寧に対応したいところだ。ただ切り離すのではなく，教師が二人と遊ぶ機会をつくったり，二人と共に集団の遊びに参加したりしながら，二人だけの世界を少しずつ広げていく。他の子どもたちと関わる場面が重なるに連れ，独り占め状態は解消されていくことだろう。

ケース30　真面目で友達に厳し過ぎる子

ユーモア感覚を生かした指導で笑顔と落ち着きを取り戻す

┌─ 事例 ─────────────────────────────

　授業にきちんと取り組み真面目なM男。他児に対してとても厳しく，ふざける子をきつい口調で注意するので，周囲から煙たがられている。

└──────────────────────────────────

子どもの心を読み取る

　真面目で他者に厳しいM男曰く……「学校は真面目に勉強するところ。授業中にふざけちゃだめだよね。お父さんはいつも，『先生の話をしっかり聞いて，勉強したことがちゃんと身に付くようにしなさい』とか，『楽な方に流されてはダメ。他の子がふざけていたら注意してあげなさい』って言うんだ。おしゃべりとか立ち歩きとかって，ホント，迷惑。だからそういう子がいると，注意するのが当たり前だよね」

　至極まっとうな意見だ。ただし，じっとしていられない子，すぐにだれかとおしゃべりをしてしまう子などが何人もいるざわつきやすいクラスの中では，イライラを隠さないM男は浮いてしまいやすい。あまりにも頑なだと，名指しされた子どもは「何，いい子ぶってるんだ」と反感をもつし，最悪の場合にはM男を攻撃の対象にしてしまうかもしれない。

　M男としては「ぼくはちゃんとやってるのに，なんでちゃんとやらないヤツが怒るんだよ。こんなクラスは嫌だ！」と，不満を教師にぶつけたくなる。

────────────〈 関連する視点 〉────────────

- ■受容と要求（指導）のバランスをとる ………………………………… **p.38**
- ■ユーモア感覚を磨く ………………………………………………………… **p.54**

子どもの心に寄り添う心理術

> 真面目さは注意されるべき対象ではない。M男の言動や背後にある気持ちを受け止めた上で，他児を見る目に幅をもたせたい。ユーモアで味付けした対処法で，落ち着きのない子たちもM男も変えていこう。

M男を認め，よりよい対処法を伝える

M男の真面目さは，しっかり受け止める必要がある。「いつも注意してくれてありがとう」と伝える。それと並行して，学習面での努力も見逃さずプラスの評価をしていくように努めながらアドバイスを与える。認められる機会が増えれば，アドバイスを受け止める気持ちも高まるからだ。

アドバイスの内容は，「友達への声のかけ方だけど，怒ったような言い方ではなく，『～しようよ』という言い方にすると伝わりやすくなる」や，「よい面にも目を向けて声かけすると，注意をもっと聞いてくれる」等が考えられる。

ユーモア感覚を生かした指導

教師がいくら注意しても，おしゃべりや立ち歩きが止まないクラス。M男にすれば，「先生がちゃんと注意しないからぼくが……」という気持ちなのだろう。M男の怒りが爆発する前に，効き目のある注意をしたいところだ。

生真面目なM男には，ユーモア感覚を生かした指導を見せよう。たとえば，騒いでいる子に「廊下で３秒立ってなさい！」と声をかける。３秒というのがポイントだ。「立ってなさい……」と言われた子が廊下へ出たら，大きな声で，「０，１，２……」と数え，ぴったり３秒で戻れたらそのまま着席を許す。早すぎたり遅すぎたりしたら，「もう一度やり直し！」と言って再挑戦だ。叱られた子どもも他の子どもも，さらにはM男も，笑顔と落ち着きを取り戻す。

ケース31　勉強につまずいている子

「つまずき」の本質を捉えて支援する

> **事例**
>
> 主に国語と算数の教科で，基礎的な学力の積み上げがなく，課題に取りかか
> れなかったり授業に身が入らず居眠りしたりする。

子どもの心を読み取る

　勉強がわからない，わからないからやりたくない，やらないから，もっとわからなくなる。そんな悪循環に陥ってしまっているため，今さら勉強に取り組もうとしても，何から手を付けていいかわからないでいる。

　算数だけ，国語だけというならなんとかなりそうだが，両方とも苦手だと，お手挙げだ。

　家でも学校でも「ちゃんと勉強しなさい」と言われるが，学習のつまずきを抱える子にとっては「ちゃんと」の意味がわからない。「何をどうすれば『ちゃんと』やっていることになるんだろう」「ああ，勉強なんて嫌いだ。」「学校に行っても席に座ってボーっとしているだけ」「宿題，どうやればいいかわからないからやらないんだ」授業に身が入らず集中力も散漫している。先生に叱られることはわかっているが，叱られたって勉強ができるようになるわけじゃない，となかばあきらめている。

子どもの心に寄り添う心理術

複数の教科が苦手で，やる気がない状態では，各教科について補習やTTでサポートしても結果は厳しい。まず本人が取り組める課題，やる気が起きる課題を与え，教科の学習につなげていけるようにしたい。

何が苦手なのか？　「つまずき」の本質を捉えて支援する

ある子は数や量の概念そのものが曖昧，ある子は視覚的なワーキングメモリに弱さがあって筆算を間違える。算数が苦手とひとことで言っても，その苦手さの中身は子どもによって異なる。理科の学習に苦手意識がある子の中には，「実験したり考えたりするのは好きだけれど，ノートに記録するのが苦手。で，めんどうだから理科は嫌いだ」という理由を述べる子もいる。苦手を生み出す背景がどこにあるのかを見極めることで，何を重点的にさせていくかが決まる。

算数では「文章題が苦手」という曖昧な捉え方から一歩踏み込んで，「文章題を解くための，短い文章を読解する力が足りない」，「注意を集中できず，数値だけを見て適当に式を立ててしまう」といった捉え方をしたい。

苦手な学習から離れ，基礎的な力を育む

苦手な学習に嫌々取り組ませるより，苦手意識から解放し楽しく学習できる課題に取り組ませてみよう。楽しみながら基礎的な力を伸ばせるのが「コグニティブトレーニング」。学習の基盤となる認知能力を高められるトレーニング方法だ。教科学習を嫌う子どもでも気軽に課題に取り組め，学習を支えるワーキングメモリのような力や，想像する力などが伸びる。「わかった」・「できた」という実感が得られ，教科学習への取り組みに弾みがつく。

授業態度

ケース32 「わかっているから授業がつまらない」と言う子

ティーチャーズ・セレクト課題とルーブリックでチャレンジしたくなる気持ちを促す

---事例---

塾や自宅学習などで学校の授業進度よりも先のことを勉強していて,「学校の授業はつまらない」と言い,授業中は勝手なことをしてしまう。

子どもの心を読み取る

授業の内容には無関心。好きな本を読んだり,塾の宿題をやったり。注意されると,「学校の勉強はもう塾で習ったから,また同じ勉強なんてしても意味がないよ」,「わかってることだから,面白くない」などと返してくる。受験勉強に取り組んでいる子は,1学年上の学習内容まで学習済みということだってある。

そんな子どもたちだから,教師が「でも今は学校の授業なんだから,今やるべきことをやりなさい」と言ったところで何の解決にもならない。「つまらないことでもがまんしてやりなさい」と言われているのと同じことだからだ。子どもにしてみれば,「じゃあ,先生,もっと面白い授業やってよ」とでも言ってみたくもなるだろう。

すでに学習している内容でも面白さが感じられる授業なら,子どもたちは勝手なことなどせず授業に集中する。けれども学校の授業はわからない子中心で進められることが多いため,まったく意欲がわいてこない。

関連する視点

- 子どもの学び方の多様性に応じる……………………………………p.22
- 子どもが理解しやすいゴールとルートを設定する…………………p.28

子どもの心に寄り添う心理術

> ひとりひとりの子どもの習熟度や学び方の実態に合わせ，子ども自らが自分に最適なレベルを選んで学習に取り組めるようにしよう。子どもにわかりやすいルーブリックを示すのはとても有効だ。

学習レベルの最適化

　学習課題が「ちょっと難しそうだけれどなんとかやれそうだ」というレベルだと，やる気が起きる。ハードル走をする場合に，とても跳び越せそうもない高さでは走る気にならないし，あまりにも低ければ本気で跳ぼうとはしない。チャレンジしたくなるような最適な高さを自分自身で選べれば，子どもの意欲はぐっと増すだろう。すでに学んでしまってつまらないという子どもには，チャレンジ課題を与えてみよう。教科書によっては，学習課題を終えた子のために，プラスαの課題が用意されているものもある。授業でタブレット端末を活用すれば，レベルを選べる自己学習が容易になる。それでも満足しない子には，教師側から「ティーチャーズ・セレクト課題」などと称してレベルの異なる超難問を用意しておくのもよい方法だ。

ルーブリックを示し，その学習内容のスペシャリストを目指せるようにする

　明確な学習のゴール（目標／めあて）と，ゴールに至るまでの段階（基準）を示すことで，習熟度や興味・関心の異なる子どもたちも意欲的に学ぶようになる。子どもが理解しやすいルーブリックを提示すれば，子どもたちはより高いレベルの課題にチャレンジしようとする。筆者の場合は，レベルによって「ビギナー」，「チャレンジャー」，「マスター」，「スペシャリスト」という４つの段階と，段階ごとの基準を示すよう工夫してきた。的確な基準が示されたルーブリックは，子どもたちの主体的な学びを生み出してくれる。

授業態度

ケース33　学習場面でやる気が出ない子

まずは得意な教科で意欲をひきだす

---事例---

　5年生のA男は，学習の得意・苦手，好き・嫌いがはっきりしている。苦手で嫌いな算数の時間には教室から逃げ出してしまうこともある。

子どもの心を読み取る

　算数が嫌いなA男は，計算が苦手で遅いし，間違えてしまうことも多い。いちばん嫌いなのは文章問題。問題文を読んでも何を聞いているのかよく意味がわからず，当てずっぽうに数字を並べてかけ算やわり算の式を立ててしまう。正しく立式できても，かけ算やわり算の筆算が苦手だから，今度は正しい答えを出すのに時間がかかり，ついにはあきらめモードに入ってしまう。教師は休み時間に丁寧に教えようとするが，みんなと外で遊べないA男としては，正直なところ迷惑だと感じている。

　好きな教科が無いわけではない。理科なら，実験や観察のように見ていれば理解できることが多いからだ。ただ書字の苦手さがあるため，結果や考察をノートに書くのが遅くて，見づらくなる。ノートに書く作業をしていると，説明をする教師の話を聞き取れなくなってしまうので，できればノートは書きたくないと思っている。内容は理解しているのに，きちんとノートに書けないために低めの成績がついてしまうことに，悔しい思いを抱いている。

関連する視点

■子どもの学び方の多様性に応じる……………………………………p.22
■子どもが理解しやすいゴールとルートを設定する………………p.28

子どもの心に寄り添う心理術

　苦手な教科学習を支援しようとしても，苦手さの背景がどこにあるのかを理解していないとさらに学習意欲を低めてしまう。得意な学習内容を見つけ授業でうまく力を引き出し，学習全般への意欲を高めよう。

得意な学習に着目しょう

　教師ならば「子どもの苦手を減らし，ある程度は何でもできるようにしよう」と考えるのが当然だ。真面目で熱心なほど，その傾向は強いかもしれない。多くの親もまた苦手の克服を重視する。だが，苦手を克服させようとする教師や親の努力が学習意欲を低下させる要因になっている可能性もある。

　一方で，自分の得意な面を生かせる学習場面では，別人のように〝変身〟して力を発揮する子も少なくない。「国語の授業で発言内容をほめたら，算数もがんばるようになった」というような経験はないだろうか。苦手な部分を補うことより得意な部分を伸ばすことで意欲が引き出され，その結果，苦手なこともがんばることができた子どもの事例は数多くある。

やる気が出ないのは授業の進め方に理由があるかもしれない

　子どものやる気を考える時，振り返りたいのが自分の授業の進め方だ。子どもに「やる気がない」のではなく，教師が「一部の子どもたちのやる気を引き出せないでいる」ということはないだろうか。

　授業中はおしゃべりしたり立ち歩いたりせず，教師の話や友達の意見をきちんと聞き，ノートはしっかり取る。そんな理想的な子どもばかりが教室にいるわけではない。どの子も興味・関心をもてるような授業の導入，自分なりの目標をもてること，ひとりひとりが自分の得意を生かせる場，そんな工夫のある授業を心がけたい。

授業態度

ケース34　授業開始までに自分の席に戻らない子

子どもの遅れた理由を明確にし，理由にあわせて手立てを考える

> **事例**
>
> 休み時間，遊びや読書に夢中になり，チャイムが鳴ってもなかなか自分の席に戻ってこない子。叱っても叱っても行動に変化が見られない。

子どもの心を読み取る

　校庭で友達と遊ぶ休み時間が，学校にいる時間でいちばん楽しい。「チャイムが鳴っても，少しくらいならいいだろう」と考え，教室に戻る時間が遅れるのが日常化している。教師は毎日注意を繰り返すが，一向に変化がない。教師からすれば，毎日叱っているのにまったく効果がないことに，怒りはどんどん膨らむ。しかし子どもにしてみれば，楽しい遊びのためなら多少の叱責など気にはならない。教室に帰らなくてはいけないことはわかっていても，遊びが面白くて，あと少し，あと少しという気持ちが繰り返される。遊びそのものが楽しいのだから，その子にとって「楽しくない勉強」をする教室に向かう足が重くなるのは，当然の結果とも言える。

　教師側にも原因があることがある。授業開始時刻が遅れることが常態化している場合だ。常に授業がきちっと定時に始まるのであれば，間に合うように急ぐ気持ちが生じるだろう。だが，数分遅れで授業が始まることが多いような学級では，遅れることが平気になってしまう。

――――――――――――――――――――　関連する視点　）――

■ 行動の原因を見抜き，意味のあるアプローチをする…………………**p.44**
■ 感情のセルフコントロール力を育む…………………………………**p.46**

子どもの心に寄り添う心理術

　まずは，遅れずに戻る方が自分のためになるということに気付かせたい。遅れた時は遅れた理由を明確にし，本人に自覚させよう。その上で，ちゃんと戻れた場面を見逃さずにほめてみよう。

遅れずに教室に戻ることの意義を自覚させる

　いつも遅れてくるのは，「遅れて来ても自分にはマイナスなことはない」と感じているからかもしれない。教師自身が授業開始時刻にルーズで，授業が始まってもなんとなくざわざわしていて緊張感がないなら，遅れて教室に入っても目立たない。まず教師が授業開始時刻をきちんと守ること。そして授業が始まったら，導入で子どもたちがわくわくするような刺激を与えるよう心がけること。そんな授業が待っていれば，自然に「遅れないようにしよう」という気持ちになるはずだ。

不適切な行動を叱ってもだめなら，適切な行動をほめる

　教室に戻るのが遅れる子をいくら叱っても効果がない場合，子どもが悪いだけでなく教師側の対応の仕方も悪いのかもしれない。そんなふうに，発想を変えることも時には必要だ。図書室で本を読んでいて止められなくなり，教室に戻るのが遅れたＡ男に，担任がこんな言葉を投げかけた。「授業に遅れたのはよくないけれど，本に夢中になるのはいいことだよ。でも，今度から授業に間に合うようにしてくれると嬉しいな」

　翌日，休み時間後すぐに教室に戻って来たＡ男に，担任は「今日はちゃんと間に合ったじゃない。成長したねえ……」と伝えた。その後Ａ男は，授業に遅れることがめっきり少なくなった。

ケース35　いつも宿題を忘れる子

その子だけの特別な宿題で取り組む きっかけをつくる

> **事例**
>
> A男は家庭学習の習慣がついておらず，帰宅後はゲームやパソコンに夢中。
> 教師が叱っても家族が声をかけても，まったく宿題をやらない。

子どもの心を読み取る

　宿題をやろうという気持ちが無いわけでは無いが，勉強は苦手でやりたくないから，つい後回しになってしまう。学校から帰ると，まずは友達の家に行ってゲーム。友達の家は，両親とも仕事で帰宅が遅いから自由に過ごせる。

　家に帰れば，タブレットでまたゲーム。それから YouTube の面白い投稿を探すのも楽しい。母親が「宿題やったの？」と聞いてくるが，「うん，これからやる」と答える。そのうち「ねえ，宿題は？」と，母親の大声。それでも「うーん。あとでやるよ」と答える。ついに母親は怒り，タブレットを取り上げて「机に向かいなさい！」と大声を上げる。とりあえず机には向かうけれど，宿題に向かう気は起きないまま，結局マンガを読んでしまう。夕ご飯を食べて入浴したら眠くなってしまい，宿題は結局やらないままに。そんな毎日が続くと，宿題をやらないことが習慣化されてしまう。学校で教師が叱っても，目をそらして曖昧にごまかしてしまう。教師は連絡帳に，毎日宿題を忘れていることを書き家庭に協力を求めるが，家庭としても打つ手がなく困っている。

関連する視点

- 子どもの学び方の多様性に応じる……………………………………**p.22**
- 個に合わせて「ポジティブ」にひいきする……………………………**p.52**

子どもの心に寄り添う心理術

叱られても気持ちが宿題に向かわない子には，宿題とは別の興味をもって取り組める課題を与えてみる。「ああこれなら簡単」と感じられる課題をやるうちに，宿題にも取り組んでみようという気持ちが生まれる。

得意な学習内容でその気にさせる

その子だけの特別な宿題，しかも簡単で面白そうなものを与える。絵を描くのが得意というのであれば，その日に食べたものを絵に描く。面白いことを考えるのが好きならば，本当のことは書いてはいけないと言って「うそ作文」を書くこと宿題にする。ねらいは，家庭学習の習慣化だ。好きな課題，簡単な課題を与えることで，「ああ，これならできる」という気持ちにさせ，結果は気にせず取り組ませてみる。このような課題でも，家庭で取り組むことが習慣になれば，宿題をやって来る日は近い。辛抱強く待とう。

宿題の一部分でも認める

宿題をやり出すようになったら，一部しかやっていなくても認める。全部やるように厳しく言えば，まったくやらない時の状態に戻ってしまう可能性が高い。気長に待つ心構えが必要だ。当然，他の子どもたちからは「Ａ男だけずるい」という声が上がるが，そんな時は「何もやってこないよりマシ。でもきっと宿題もやるようになるから，待っててあげて。やりたかったら君もやっていいよ」と答えてみよう。そういうやり取りも，Ａ男を変えていく力になる。

「漢字を覚えている子にもそうでない子にも，同じ量の書き取り練習を宿題に課す」というような発想を改めるべき時代だと思う。

授業態度

ケース36　授業中，わかっていても手を挙げない子

発言の仕方にいろいろなパターンを用意しのびのび表現できるようにする

─事例─

教師の発問への答えがわかっているのに挙手せず，発言の機会が少ない子。「手を挙げよう」と話すだけではかえって逆効果だ。

子どもの心を読み取る

低・中学年の場合について，わかっているのに手を挙げない子どもたちの気持ちを整理してみよう。

①みんなの前で発表するのは恥ずかしいし自信がないから
②意見はあるけれど，先生の「わかった人，手を挙げて」というのが早すぎて考えをまとめるのが間に合わないから
③先生に無視されたり，友達に笑われたりしたことがあるから

など，緊張感の高さや学習速度（処理速度）の遅さなどが気になる所だ。さらに，高学年になると

④手を挙げても，めったに当ててもらえないから無駄」
⑤簡単な問題に答えるのは面倒くさい

という子も現れる。「どうせ手を挙げたって」というあきらめ気分や，発言することに意義を感じない子などいろいろだ。

関連する視点

■子どもの学び方の多様性に応じる……………………………**p.22**
■身近なモデルを示したり，不安感を和らげたりして行動を支える……**p.26**

子どもの心に寄り添う心理術

> 大勢の前で気軽に発言できる子もいれば，抵抗感の強い子もいることを理解しよう。意見の発表が「挙手→指名→発言」の流れだけで行われないよう，多様な意見表出の機会を考えてみよう。

発言の仕方について発想を変える

　私が時々行っている方法の一つに，一斉回答（一斉発言）がある。

　「答えがわかる人（意見がある人）は，せ～ので，一斉に答えを言ってみて」

　自信のある子は大きな声で言えばよいし，自信のない子は小さな声で言えばよい。はじめは何を言っているのか判断しにくいが，聞き取れたことがあれば「○○○が聞こえたよ」と伝えて板書する。次に「じゃあ，これ以外の意見の人だけ言ってみよう」と続ける。これを何回か繰り返すと，さまざまな意見が集められる。自信のあるなしに応じて自分で発言を調整できるから，挙手⇒指名⇒発言の方法よりも多くの発言を引き出すことになる。

　ノートに記述された内容を，机間指導中にタブレット PC 等で写真に撮り，それを電子黒板で紹介して本人のコメントを引き出す方法も効果的だ。

「挙手して発言」に替わる多様な意見表出を

　注目を浴びながら発言するのは，緊張しやすい子にはきつい。すばらしい意見をもっているのに，授業では黙っている子がいる。そんな授業からは一日も早く脱却したい。今や ICT 活用の時代。便利なアプリケーションが増えている。1人1台のタブレット端末を介しての意見表出は，発言することへのハードルを一気に下げてくれる。挙手して発言という学習スタイルから離れて，グループや学級全体で緊張感なくのびのび自分の意見を提示できるようになる。

授業態度

ケース37　授業中，自分の考えをすぐ口にしてしまう子

発問から挙手・発言までに少し間を置いてみる

---事例---

授業中，指名されなくても発言してしまい，他の子どもが発言できない。またグループの話し合いで自己主張ばかりし，他者の考えを聞かない。

子どもの心を読み取る

　教師の質問していることについて，間髪を入れずに何らかの答えがひらめいてしまう子の中には，思い浮かんだ考えをすぐ声に出してしまうがいる。他の子が考えるのを妨害してしまうので，教師からはがまんするように言われたり叱られたりする。子どもにしてみれば「せっかく思いついたのに，先生はぼくを無視する」という気持ちになる。「みんなが考えようとしているのに先に答えを言われてしまうと，みんなが困るんだ」と，教師が話しても聞く耳をもたない。グループでの学習や活動をする時に，他の子の意見を聞こうとせず自分の意見を通そうとしてしまい，しばしばひんしゅくを買うケースもある。

　このような行動の背景には，どちらも「いい考えなんだから，ぼくの意見を聞いてよ」という気持ちがあるので，改善するのが難しい。また背景に，じっくりいろいろな角度から考えることや，人の話を聞いた上で自分の考えをまとめることなどについて苦手さを抱えている場合がある。

関連する視点

■授業中のアウトプットの場を増やす…………………………………**p.30**
■感情のセルフコントロール力を育む………………………………**p.46**

子どもの心に寄り添う心理術

　自分の考えをもてること，発言しようという意欲があることは，価値あることとして認めよう。その上で，考えをすぐに声に出すのではなく，じっくり考えてから発言する習慣を身に付けられるようにしたい。

発問したら，黙って考える時間を与えよう

　低学年では，子どもたちの多くが教師の発問に対してすぐに反応して「ハイ，ハイ」と挙手する。年齢が低ければ，考えたことや思ったことなどが言葉に出てしまうのも仕方がないが，徐々にじっくり考えて発言する習慣を身に付けさせたい。その手立ての一つが，発問から挙手・発言までに少し間を置くこと。「これから質問をします。考える時間は１分。その間は声を出さないこと」というように，発問内容によって１分，あるいは２分と黙って考える時間をつくってみよう。このように意図的に沈黙の時間をつくることで，考えが深まったり発言内容が整理されたりする。発言可能な時間を示す目印を黒板の隅に掲示すると，自分の行動を自分でコントロールしやすくなる。

じっくり考えて発言できたことを認め，ほめよう

　沈黙の時間に，落ち着いて自分の考えを書くよう指示するのも効果的だ。発言は書いたことをもとに行うよう指示するが，実際の発言内容は書いた通りでなくてもよい。また書くことが苦手な子には，発言する時のキーワードだけを書き留めておくよう伝えよう。発問から発言までの間に書く作業が入ることで，無秩序に思い付きで発言してしまうことは減る。

　じっくり考えて発言できるようになったならば，それを認め，ほめるようにしよう。時間はかかるが，考えてから発言することが習慣化されるのに役立つ。

授業態度

ケース38　グループ学習で自分の意見が言えない子

緊張しにくい環境づくりと楽しいトレーニングで発言しやすくする

---事例---

普段からおとなしく発言は少ないけれど，3～4人程度のグループ学習でもなかなか自分の意見が言えず，話し合いに加われない。

子どもの心を読み取る

　学級全体での発言だけでなく，小集団であっても発言することができない。そんな子の場合，単に恥ずかしいというだけでなく，背景にある内的な要因と学級集団の側の要因を把握する必要がある。

　本人側の要因として第一に挙げられるのは，自信の無さや緊張感の高さだ。考えていることはあるけれど，それが正しいかどうか自信が無い。「間違えたら笑われるかも……」などと想像すると，話す順番が回ってきても緊張して話せなくなってしまう。まして自由なグループ討論で，だれかが話している所に割り込んで自分の意見を言うなどということはできない。

　第二の要因は，スキルとしての発言力不足。発言には他者の意見を聞き取った上で，その意見に反論したりつなげたりする技能が要求される。大切なことを簡潔にまとめて話す力も必要だ。そういった技能レベルのことが身に付いていないと，自信の無さや緊張感から逃れられない。

　意見はもっていても，こうした要因が重なるとうまく話すことはできない。

関連する視点

- ■授業中のアウトプットの場を増やす……………………………………**p.30**
- ■仲間関係の築きやすい優しく開放的な集団をつくる………………**p.40**

子どもの心に寄り添う心理術

> 日常の学級経営で，お互いを尊重し合う雰囲気をつくろう。話し合いは隣の席の子と１対１で行うことから始め，グループ学習へとつなげるようにする。楽しみながら発言力が育つグループワークも取り入れよう。

まずは隣の席の子と話すことから

　発言したとたん，「何を言っているのかわからないよ」とか「違うんじゃない？」などという声が上がるようでは，だれでも発言意欲は下がり緊張感は高まる。友達の発言を茶化したり間違いをばかにしたりすることなく，常に友達を大切にしようとする雰囲気に包まれた学級経営を進めたい。その上で，まず隣の席の子との意見交換をすることから慣れさせるとよいだろう。２人から３人グループへ，さらに学級全体へと無理せず発言の場を広げよう。

　ICT 機器の有効活用が進めば，音声言語による発言だけでなく，文字入力によるチャット形式の話し合いを試みるのも一計だ。

楽しくできるトレーニング（学校グループワークトレーニング）

　集団ゲームを通せば，楽しみながら伝える技能を高められる。お勧めは「学校グループワーク・トレーニング（GWT）」（学校グループワーク・トレーニング研究会，2016）。GWT には，さまざまな種類のワークがあり，中でも「情報カード」をもとに，４〜５名のグループで楽しく課題を解決してくワークは，情報の伝達力を育てるのにとても役に立つ。１人に数枚ずつ配られる「情報カード」の内容をグループのメンバーに伝えて課題を解決していくワークなので，発言しないメンバーがいると課題は解決できない。

　このようなワークを進めるうちに，考えを人に伝える技能を磨き，お互いの意見を引き出したり大切にしたりしようとする態度も身に付いていく。

ケース39　ノートやワークシートに書くのが苦手な子

書くこと以外の選択肢とハイブリッドな評価基準を用意する

---事例---

勉強が嫌いなわけでない。ただ，書くのが苦手で，ノートやワークシートを書く課題になるとまったく手を付けなかったり寝てしまったりする。

子どもの心を読み取る

　どうしてもきれいに字が書けない。それに加えて書くのが遅いため，板書された内容を書ききれないうちに授業は次へと進んでしまう。よい考えを思いつき，それをノートに書こうとしても，苦手な字を急いで書こうとするため仕上がりはきれいとは言えない。教師は何が書いてあるのかを判別するのに手間取り，内容について丁寧に読み取れないため，評価はいつも低くなりがちだ。授業の内容は理解できているのに，やる気はどんどん失われていく。

　勉強そのものは好きだし面白いと感じている。考えている内容もユニークで，しばしば発言もする。ただ，文字を書くとなると途端にスイッチが切れたように机に突っ伏してしまう。「書くのが苦手・書きたくない」⇒「ノートの記述が乱雑になる」⇒「教師の評価が低い」⇒「書きたくない」という悪循環の結果だ。子どもにすれば「いくらがんばって書いても，書いたものの見栄えが悪く，内容をきちんと評価してもらえない。内容が理解できているなら，ノートなんてどうでもいいじゃないか」という思いが膨らむ。

関連する視点

- 子どもの学び方の多様性に応じる…………………………………………**p.22**
- 子どもが理解しやすいゴールとルートを設定する…………………………**p.28**

子どもの心に寄り添う心理術

> 書くことが極端に苦手な子どもには，書くこと以外の表現手段について選択肢を与えよう。ノートやワークシートは，きれいか汚いかでなく，その内容を評価。それに加えて表現の仕方についても評価するとよい。

授業のねらいによる評価と，ノート以外のアウトプットの方法の提示

「いろいろな考え方で課題解決すること」がねらいの学習ならば，教師は考え方そのものを評価すべきだ。授業のねらいに向かって学習に取り組み，素晴らしい考え方を思いついたにもかかわらず，書くことが苦手なためにあまりにも低い評価を受けてしまうのでは，子どもの学ぶ意欲は下がるばかり。丁寧に書かれているかどうかは，ねらいから考えれば下位にある評価内容と言える。自分の考えをきちんと評価してもらえたなら学習意欲は必ず増す。

ねらいに沿って学習したことのアウトプット方法が，書くことだけになっていないだろうか。ノートに文字で書くだけでなく図や絵で表現することも可能だし，口頭で説明してもかまわない。というように，アウトプットの仕方についていくつか選択肢を与えることで，子どもたちの意欲は高められる。

内容と意欲を同時に評価する "ハイブリッドな評価" を

私はノート等を評価する際に，「Ａ・Ｂ・Ｃ」（ねらいに沿ったパフォーマンスの評価）と，「３・２・１」（意欲に関する個人内評価）の両方を記すハイブリッドな評価を試みてきた。「ノートの記述内容はいま一つだけれど，一生懸命取り組んでいた」という場合には "Ｃ３" ということがあるし，「内容は十分だが，力を出し切っていない」と感じられた場合には "Ａ１" ということもある。意欲面も評価することによって，いつもＣ評価ばかりだった子どもがＢ評価へ上がり，Ａ評価に結びつくこともある。

授業態度

ケース40　中学受験による負荷がかかり授業を乱す子

受験の大変さを理解し，学校でも活躍できる学習の場をつくる

事例

6年生の2学期後半。日に日に迫る中学受験。精神的に不安定になる子，イライラのはけ口を学校に求める子，授業中に寝る子などさまざまだ。

子どもの心を読み取る

　毎日，塾に行き，家に帰れば遅くまで塾の宿題。翌朝，遅刻ぎりぎりで登校するけれど，学校の授業を面白いとは思えない。受験勉強ですでにやった内容なので，すべて理解している。教師が難しい応用問題を出せば，少しはやる気が出るかもしれないが，「受験生のために授業をしている訳ではない。受験勉強と学校の勉強は違う」と考える教師は少なくない。

　そういう日々が続く中で，一部の受験生は，教室で息抜きや受験勉強をするようになっていく。本を読んだり，こっそり塾の宿題をやったり。受験が近付くにつれ，その状態は酷くなり，友達とふざけ合う子どもも現れ始める。

　塾のテストの成績が下がり気味な子どもは，志望校に合格できるか心配になったり，志望校そのものを変えたりするようになる。溜まりに溜まったイライラを解消するかのように，教室を歩き回ったり，大きな声を出して授業を妨害したりする子どもさえいる。そうでもしていないと，おかしくなってしまいそうな心のバランスを取ろうとしているかのようだ。

関連する視点

- 受容的な態度で，多面的に子どもを理解する ……………………… p.16
- 受容と要求（指導）のバランスをとる ……………… p.38

子どもの心に寄り添う心理術

> 受験の大変さを理解する姿勢を示し，少しでも受験のプレッシャーを取り除けるような働きかけをする。学校の勉強を「わかっているからつまらない」と考える子どもたちには，挑戦したくなる課題を与える。

君の大変さは理解しているよ

　受験の負荷に耐え切れず，学校で荒れたりいい加減な生活態度を示したりするような子どもたち。担任がやれるのは，受験にまつわる「大変さ」を理解する姿勢を示すこと，そして学校の授業に少しでも興味をもてるようにすることの二つに集約される。

　受験が近づき，イライラする様子が見られるようになった子には「塾の勉強，最近たいへんなんじゃない？」と声をかけてみよう。「自分のことをわかってくれている」ということが安心感を生む。宿題をやって来なかった時に叱るのは簡単だ。だが「みんなよりたくさん勉強しているからきついんだよね」と伝える方が，叱るよりもずっと宿題をやってくる確率は高まる。

活躍できる学習の場をつくる

　塾で勉強済みの内容でも「何種類もの考え方で解答を出す」，「みんなが理解しやすいように説明する」といった課題を与えると，やる気を示す子どもは少なくない。もともと勉強については自信があるし，考えることが大好きな子どもたちだ。思わずチャレンジしたくなるような授業にすることで，活躍の場は広げられる。子どもの置かれている状況を理解し，活躍できる場をつくること。受験によって学校の勉強に興味を失ってしまった子も，負荷がかかり過ぎている子も，活躍できる教室になるよう工夫したい。

授業態度

おわりに

　本書の「心理術」という言葉には，違和感を抱いた方もいるかもしれない。かくいう私自身，本書の執筆依頼を受けた時に「心理術」という表現に少なからぬ戸惑いと違和感があった。

　心理学はあくまでも対応の基本的な方向性を示してくれるもの。「この方法ならうまくいく」というマニュアル的な内容ではなく，「このことをつかめば，対応の道筋が見えやすくなる」という内容にしたい。そのような思いから，編集者には「心理学の視点を活かした学級経営」というようなタイトルにできないだろうかと伝えた。

　結果的には「心理術」という言葉は残され，違和感を抱えたまま執筆を開始。だが書き進めるうちに，違和感は少しずつ薄らいでいった。心理学的な視点を生かした対応の基本が「心理術」。つまり「心理術」とは，子どもたち一人一人の思いや願い，能力の特徴や興味・関心などに配慮した具体的な手立てを変幻自在に編み出す拠り所である。そう捉えることによって，執筆作業を続けた。

　本書は，多くの教育実践や研究成果から刺激を受けたり，いろいろな機会にご指導いただいたりしたことが基になり完成した。ここに感謝の意を表したい。

　まず，共に教育実践に関わってきたたくさんの先生方に，心からのお礼をお伝えしたい。いつも子どもを信じ，子どもに寄り添う姿を見せてくれた先輩や同僚諸氏，そして熱意ある若い先生たちから，たくさんのエネルギーをいただいた。

　UDL 研究会＊（学びのユニバーサルデザイン研究会）での実践交流やディスカッションは，新たな発見の連続だった。北は北海道から南は九州，沖

縄まで，日本各地で取り組んでいらっしゃる先生方の UDL 実践。そこから見えてきた，子どもの多様性（ダイバーシティー）に応じる姿勢や指導する側の柔軟な発想。学習場面で子どもに寄り添うためにはどうすればよいのか，基本的な考え方と多くの実践を学ぶことができた。

＊ UDL 研究会ホームページ　https://udlkenkyukai.wordpress.com/

　東京学芸大学名誉教授・上野一彦先生からは，アセスメントの重要性と，一人一人の子どもの側に立って指導を考えることの意義を学んだ。「私たちの教え方で学べない子には，その子の学び方で教えなさい」の言葉は，それまでの指導観を見直すかけがえのない指針となった。

　都留文科大学名誉教授・宗内敦先生には，教師の指導力の根源について教えられた。指導の礎としての教師と子どもとの「関係性」と，指導力の源泉としての「教師の権威」は，デジタル化が進む教育現場にあっても忘れてはならない視点だと思う。

　東京学芸大学名誉教授・松村茂治先生からは，心理学の入門から応用まで，長きに渡り厳しくかつ温かな指導を受けてきた。

　「研究者や心理臨床の専門家だけのものではなく，学校現場で直接，子どもたちと関わっている教師の手にこそ心理学を！」
という先生の教えを，本書で少しでも具体化することができたならば嬉しい限りである。

　最後になったが，本書は，細かな点まで私の意を汲みご配慮くださった編集者のお陰で上梓することができた。明治図書出版教育書部門編集部の中野真実さんに，心よりお礼申し上げたい。

2021年6月

浦野　裕司

引用・参考文献

・浦野裕司「学級の荒れへの支援の在り方に関する事例研究　―TT による指導体制とコンサルテーションによる教師と子どものこじれた関係の改善―」(『教育心理学研究』第49巻 1 号) 日本教育心理学会，2001年

・浦野裕司「興味・関心とやる気を引き出すコーピングモデル・マスコット」(『LD & ADHD』No.28) 明治図書出版，2009年

・浦野裕司・丸山幸恵「若手教師の学級経営をどう支援するか」日本教育心理学会第51回総会発表論文集，2009年

・浦野裕司「『ポジティブなひいき』でどの子も大切に」(『月刊学校教育相談』2012年12月号) ほんの森出版

・浦野裕司・福島真理「学級経営の成功要因を探る～若手教師の学級経営の実践事例から～」日本教育心理学会第55回総会発表論文集，2013年

・浦野裕司「相手に怒るとき，相手を叱るとき」(『児童心理』No.994) 金子書房，2014年

・浦野裕司，齊藤勝「学びのユニバーサルデザイン (UDL) と学級経営―UDL を生かした個の学びの変容から，学級集団の変容へ―」日本教育心理学会第58回総会発表論文集，2016年

・浦野裕司「『トラブル悪循環構造図』でトラブルの『見える化』を」(『月刊学校教育相談』2016年 9 月号) ほんの森出版

・浦野裕司ほか「UDL (学びのユニバーサルデザイン)で『授業が変わる』・『子どもが変わる』・『教師が変わる』」日本教育心理学会第59回総会発表論文集，2017年

・浦野裕司「児童一人一人の多様性を生かすための ICT 活用」(『特別支援教育の実践情報』2018年 6 ／ 7 月号) 明治図書出版

・浦野裕司「子どもの気持ちに寄り添える先生」(『児童心理』No.1060) 金子書房，2018年

・浦野裕司「多様な子どもたちのつまずきを予想して授業の展開を整理する」(『実践障害児教育』2019年 3 月号) 学研教育みらい

・学校グループワーク・トレーニング研究会『改訂 学校グループワーク・トレーニング』図書文化，2016

・川喜田二郎『川喜多二郎著作集5　KJ法 混沌をして語らしめる』中央公論，1996年

・近藤邦夫『教師と子どものもつれ—教育相談から』岩波書店，1995年

・嶋野重行『小学校・幼稚園教師の指導態度の研究 —受容的態度と要求的態度（AD論）』風間書房，2019年

・高山恵子『やる気スイッチをON！実行機能をアップする37のワーク』合同出版，2019年

・トレーシー・E・ホール他著・バーンズ亀山静子訳『UDL 学びのユニバーサルデザインクラス全員の学びを変えるアプローチ』東洋館出版，2018年

・鈎治雄『教育環境としての教師 —教師の認知・子どもの認知—』北大路書房，1997年

・松浦直己『教室でできる気になる子への認知行動療法』中央法規，2018年

・松村茂治『教室でいかす学級臨床心理学—学級担任と子どもたちのために』福村出版，1994年

・松村茂治・浦野裕司「学級フィールドワーク（Ⅲ）子どもと教師の間に『良い関係』を生み出す要因は何か？」東京学芸大学紀要第1部門第52集，2001年

・宮口幸治『コグトレ みる・きく・想像するための認知機能強化トレーニング』三輪書店，2015年

・宮口幸治『教室の困っている発達障害をもつ子どもの理解と認知的アプローチ』明石書店，2017年

・宗内敦『先生，出番です！担任教師のふれあい指導』社団法人雇用問題研究会，2007年

・山本淳一・池田聡子『できる！をのばす行動と学習の支援～応用行動分析によるポジティブ思考の特別支援教育』日本標準，2007年

・湯澤正通・湯澤美紀『ワーキングメモリを生かす効果的な学習支援』学研教育みらい，2017年

【著者紹介】

浦野　裕司（うらの　ゆうじ）

1983年，東京学芸大学大学院（学校教育専攻・臨床心理学講座）修了。武蔵野市立大野田小学校，武蔵野市立第三小学校，国分寺市立第八小学校を経て，杉並区立桃井第三小学校に勤務。学校心理士スーパーバイザー。

教職に就いて以来，特別支援学級や通常学級の担任として，心理学を生かした学級経営と学習指導に関する実践を重ねてきた。近年はUDL（学びのユニバーサルデザイン）の視点を取り入れた学習活動，授業におけるICT活用などにも積極的に取り組む。現在は新人育成教員として，子どもの多様性に応じられる授業や教育相談的な対応等について，新人・若手教員への助言とサポートに努めている。

＜所属学会・研究会＞
　日本教育心理学会，日本LD学会，日本学校心理士会
　UDL研究会

学級経営サポートBOOKS

気になる子どもの心に寄り添う
教師のための心理術

2021年8月初版第1刷刊　©著　者　浦　野　裕　司
　　　　　　　　　発行者　藤　原　光　政
　　　　　　　　　発行所　明治図書出版株式会社
　　　　　　　　　　　　http://www.meijitosho.co.jp
　　　　　　　　　　　　（企画・校正）中野真実
　　　　　〒114-0023　東京都北区滝野川7-46-1
　　　　　振替00160-5-151318　電話03(5907)6702
　　　　　　　　　　ご注文窓口　電話03(5907)6668
＊検印省略　　　　組版所　日本ハイコム株式会社

Printed in Japan　　　ISBN978-4-18-365822-7
もれなくクーポンがもらえる！読者アンケートはこちらから